일러두기 ─────────
1. 본문의 모든 주석은 내용의 이해를 돕기 위해 옮긴이가 작성했다.
2. 본문의 모든 인용문은 이 책의 일본어 원서에 있던 텍스트를 한국어로 옮긴 것이다.

ZENNIN HODO WARUI YATSU WA INAI - NIETZSCHE NO NINGENGAKU
©Yoshimichi Nakajima 2010
First published in Japan in 2010 by KADOKAWA CORPORATION., Tokyo.
Korean translation rights arranged with KADOKAWA CORPORATION., Tokyo.
through Shinwon Agency Co.

이 책의 한국어판 저작권은 신원 에이전시를 통한 저작권사와의 독점 계약으로
㈜다산북스에 있습니다. 저작권법에 의해 한국 내에서 보호를 받는 저작물이므로
무단전재와 복제를 금합니다.

니체의 인간학

약함, 비열함, 선량함과 싸우는 까칠한 철학자
The Anthropology of Friedrich Nietzsche

나카지마 요시미치 지음
이지수 옮김 | 이진우 감수

다산지식하우스

추천 및 감수의 말

우리는 니체를 얼마나 견뎌낼 수 있는가?

이진우 | 철학자, 포스텍 석좌교수

니체로서의 니체는 존재하지 않는다

"내 말을 들으시오! 나는 이러이러한 사람이기 때문이오. 무엇보다도 나를 혼동하지 마시오!"

광기로 쓰러지기 직전에 쓴 자서전 격의 글 『이 사람을 보라』에서 니체는 자신의 운명을 예견한 것처럼 보인다. 어떤 사람은 니체를 기존의 가치를 뒤집어엎는 혁명적인 사상가로 생각하고, 또 어떤 사람은 니체를 전통적 가치를 비판하면서도 정작 새로운 가치는 창조하지 못하는 데카당스의 철학자로 규정한다. 우리가 알고 있는 사상가 중에서 가장 모순적이면서 가장 많이 혼동되는 철학자, 그 이름이 바로 니체다.

　니체에 관한 온갖 편견과 다양한 평가에도 불구하고 한 가지 부인할 수 없는 사실이 있다. 니체는 여전히 수많은 젊은이의 영혼을 유혹한다는 것. 이 점에서 니체와 비견될 수 있는 철학자는 오직 소크라테스뿐이다. 서양 철학과 문명의 처음과 끝을 장식하고 있는 소크라테스와 니체는 모두 의심의 철학자다. 그들은 모두 자신들의 의견과 가치, 정책과 이념을 무조건적으로 강요하는 기득권에 강력한 물음표를 붙인다. 그들은 모두 젊은이들에게 의심을 품고 질문을 던지고 삶과 공동체의 의미에 관해 성찰하라고 질타한다. 이렇게 젊은이들의 영혼을 유혹한 죄의 대가는 트라우마를 일으킬 정도로 컸다. 한 명은 사형을 당하고, 다른 한 명은 광기에 빠진다.

　사람들은 왜 이 미친 철학자의 위험한 사상에 매료되는 것일까? 니체는 시대가 바뀌어도 우리가 겪고 있는 문제에 말을 걸고, 질문을 던진다. 사람들이 니체를 어떻게 혼동하든 그는 자신의 글을 읽는 독자의 마음을 뒤흔들어 놓는다. 어떤 사람은 너무나 합리화되어 표준화된 현대인의 경직된 삶을 풀어 줄 니체의 디오니소스에 열광하고, 어떤 사람은 들판에서 평화롭게 풀을 뜯는 가축 무리처럼 일상의 소소한 행복만을 추구하는 최후의 인간에게 초인이 되라고 일갈하는 니체의 말에 귀를 기울이고, 또 어떤 사람은 니체에게서 우울, 권태, 불안, 자살과 같은 현대사회의 병리적 현상을 해부할 예리한 메스를 발견한다. "저 철학자의 사상은 이것이야"라고 단적으로 규정할 니체 철학의 알맹이는 보이지 않는다. 우리가 있는 그대로 볼 수 있는 '나체로서의 니체'는 존재하지 않는다. 우리 모두는 자신의 시각과 취향에 따라 니체에게 옷을 입힐 뿐이다. 이처럼 니체가 끊임없이 읽히는 것은 모든 사람이 니체를 통해 치유하고 싶은 자신만의 병을 갖고 있기 때문일지도 모른다.(니체는 온갖 병을 온몸으로 철저하게 겪었으니까.)

    니체는 모순과 혼동의 철학자다. 니체는 『즐거운 학문』의 「잠언 297」에서 스스로 이렇게 말한다. "모순을 받아들일 수 있다는 것은 고도의 문화적 징표이다." 니체는 우리에게 익숙한 것, 전승된 것, 신성시되는 것에 대해 적대감을 가진 사람이라면 어쩔 수 없이 "자기모순을 원하고 일으켜야 한다"고 말한다. 시대와 불화하는 사람은 자기 자신과도 모순 관계에 빠질 수밖에 없다.

니체와 독자 사이의
이중적이고 모순적인 관계

　니체의 이러한 이중성을 가장 잘 말해주는 책이 바로 나카지마 요시미치中島義道의 『니체의 인간학』이다. 이 책의 원제 『착한 사람만큼 나쁜 사람은 없다』는 상당히 니체적이다. "착한 사람만큼 나쁜 사람은 없다"라는 선정적인 주제는 기존의 관습적 규범에 정면으로 도전함으로써 독자를 유혹한다. 이 책 『니체의 인간학』은 기존의 도덕적 평가를 전복하고, 착함과 악함의 관계를 뒤집는 가치전도의 동기와 원인을 니체의 심리적 특성에서 찾아내려고 한다. 그러나 다양한 층과 결을 가진 니체의 모순적 사상을 하나의 체계로 설명하려는 것보다 니체를 혼동하고 곡해하는 일도 없다는 점에서 나카지마 요시미치의 니체 평가는 틀렸다기보다는 무식하리만치 단순하다.
　물론 이러한 평가가 의도적인 것일 수도 있지만, 우리는 그의 태도에서 오히려 니체와 독자 사이의 이중적이고 모순적인 관계를 엿볼 수 있다. 그는 "니체는 나의 젊은 시절부터 혐오의 대상이었다"고 고백한다. 니체에 대한 관심도 없고 책을 손에 들면 불쾌감과 혐오감만 느꼈던 사람이 어쩌다 니체를 읽고 그에 관한 책을 쓰게 된 것일까? 니체의 『차라투스트라는 이렇게 말했다』를 정독하고 나서도 니체에 관한 자신의 "기본적인 인상은 그다지 바뀌지 않았다"고 한다. 여기서 그는 니체에 대한 혐오감이 어디서 유래하는지 살짝 내비친다. 니체가 기독교적 전통 도덕인 동정심을 적나라하게 비판하고 착한 사람을 비난하는 것은 사실 "자신의 내면에 숨어있는 약함, 비열함, 선량함을 향한 것"일 수도 있다는 것이다.

우리는 여기서 나카지마 요시미치의 니체 평가에 토를 달 필요는 없다. 그것이 그의 곡해이든 오해이든 니체에 관해 가능한 해석 중의 하나이기 때문이다. 그렇지만 이 책을 읽으면 자연스럽게 하나의 의문이 솟구친다. 그가 니체에게서 불편해 하는 것은 과연 무엇인가? 왜 그는 니체를 그토록 혐오하면서 약자에 대한 니체의 비판을 그대로 따라하는 것일까?

니체에 대한 저자의 반감은 이 책의 에필로그에 집약되어 표출된다. "나는 니체가 이렇게 나쁜 놈이라는 점을 간과하지 말라고 말하려는 게 아니라, 히틀러가 극악무도하다면 니체는 그 몇 백 배나 더 극악무도하다고 말하고 싶은 것이다. 단지 히틀러는 잔챙이였기 때문에 니체 사상의 극히 일부를 실천할 수 있었을 뿐이다." 이 말이 천하고 상스럽게 들리는 것은 실제의 사태를 왜곡하기 때문만이 아니다. 그의 주장은 마치 니체를 읽으면 히틀러가 될 수 있다는 것처럼 어이없이 들리기 때문이다.

니체를 조금이라도 진지하게 생각하는 사람이라면 그의 마무리 말을 받아들이기 쉽지 않다. 그는 "니체라는 남자가 참으로 약하고 비열해서 자신의 사상을 실천하려는 용기가 없었다고"(A) 주장하면서, 그렇기 때문에 "그의 사상 앞에서는 (거의) 모든 인간은 살 가치가 없어진다고"(B) 말한다. 누가 보더라도 A와 B 사이에는 아무런 인과관계가 없다. "나와 내 작품은 별개다"라는 니체의 말처럼 니체가 설령 약한 사람이라고 하더라도 그것이 그의 사상과는 아무런 관계가 없기 때문이다.

아무튼 나카지마 요시미치가 니체에 대해 반감과 혐오감을 느끼는 이유는 분명해 보인다. 그는 삶의 새로운 가치를 찾고자 했던 니체를 읽으면 오히려 살아갈 가치를 상실하게 되기 때문에 니체의 사상이 위험하다고 주장하는 것이다. 이로써 분명해진 유일한 사실은 나카지마가 '살 가치'를 중시한다는 점이다. 그렇지만 니체가 기존의 가치를 철저하게 비판한 것도 삶의 새로운 가치를 창조하기 위해서지 않았던가? 니체가 그 어떤 가치도 존재하지 않는다는 허무주의를 시대적 운명으로 받아들인 것이 새로운 질서를 정립할 수 있는 힘을 얻기 위해서라는 사실을 기억하면, 나카지마의 거친 니체 비판은 모순적이다.

니체를 비판할수록
그를 닮아간다

　　니체를 비판하면 할수록 그의 전복적 정신을 더욱 닮아 간다는 '니체의 역설적 마력'을 경험하고 싶은 사람은 이 책을 읽어야 한다. 니체 철학을 정식으로 이해하고 싶은 사람에게 는 이 책을 추천하지 않는다. 니체의 사상을 의도적으로 비틀 고 왜곡시키기 때문이다. 그렇지만 어떤 문제를 극단까지 철 저하게 파고드는 니체의 반역 정신을 경험하고 싶은 사람에겐 감히 이 책을 권한다. 나카지마 요시미치는 니체에게 끌리면 서도 실상은 니체 정신을 실천할 용기와 능력이 없는 현대의 유약한 젊은이들에게 구역질하듯 거친 말들을 서슴없이 토해 낸다.

　　"니체의 정신구조는 현대 젊은이들과 몹시 비슷하다. 유 치함, 어리석음, 단순함은 물론이고, 어쨌거나 '높이 평가받고 싶다! 존경받고 싶다! 유명해지고 싶다!'고 온몸이 터져라 원 하는 모습 또한 매우 닮았다. 그러니 자존심 세고 유약한 젊은 이들이여! 니체를 읽으라! 그리고 마음껏 자신과 동일시하며 자신의 성서로 삼으라."

　　여기서 니체의 정신과 현대 젊은이들의 그것이 정말 닮았는지는 전혀 중요하지 않다. 그의 타깃은 니체를 많이 읽으면서도 전혀 니체적이지 않은 유약한 젊은이들이기 때문이다.

이 책의 강점은 니체의 도덕비판을 적극 활용하여 현대 일본사회의 비겁하고 유약한 젊은이들의 무력함을 꼬집고 있다는 점이다. 나카지마는 현재 일본에는 실제로는 약자이면서 약자이기를 거부하는 유약한 젊은이들이 들끓고 있다고 진단한다. 니체가 말한 것처럼 노예라는 말을 그 무엇보다 싫어하면서도 실제로는 노예적으로 살아가는 현대인들의 이중성이 세상을 지배하고 있다는 것이다. 나카지마는 약자가 약자로 살아가는 것은 아무런 문제가 되지 않는다고 말한다. 문제는 약자가 자신의 유약함과 무력함을 착함으로 정당화한다는 것이다. 니체는 『도덕의 계보』에서 이런 가치전도를 신랄하게 비판한다. 본래는 새로운 가치를 설정하고 실천할 수 있는 강함이 선한 것이었는데, 힘이 없는 약자들이 스스로를 보존하기 위하여 가난한 사람, 무력한 사람, 고통받는 사람, 궁핍한 사람에 대한 이타적 배려와 동정을 도덕적 선으로 주입시켰다는 것이다. 니체는 이러한 현상을 '도덕에서의 노예 반란'이라고 규정한다. 이러한 가치전도를 통해 '약자만이 오직 착한 자다'라는 인식이 널리 퍼지게 되었다는 것이다.

나카지마는 노예 도덕이 보편화된 현대사회의 일반적 현

상을 신랄하게 패러디한다. 자신의 약함을 권리로 위장하고 모든 불행의 원인을 사회와 제도의 탓으로 돌리는 사람, 이기적이라는 말을 제일 싫어하면서도 자신의 안전과 행복이 걸려 있다면 누구보다 이기적으로 행동하는 사람, 기득권에 대한 혐오감은 익명성의 가면을 쓰고 적나라하게 드러내면서도 혼자 있을 용기는 없어 금방 조직과 집단에 순응하는 사람, 개인의 취향은 존중해달라고 외치면서도 결국 대중의 유행을 좇기에 바쁜 사람. 이러한 사람들을 현대사회의 노예라고 하면 과연 지나친 말일까? 그는 이렇게 살아가는 현대 일본사회의 젊은이들의 행태를 니체의 사상과 수사학을 동원하여 거칠게 까발린다.

노예 도덕에 대한 니체의 비판

나카지마 요시미치에게 현대사회의 약자는 스스로를 착한 사람으로 정당화하는 사람이다. 이 책의 원제보다 그의 입장을 더 분명하게 말할 수는 없을 것이다. "착한 사람만큼 나쁜 사람은 없다." 그는 니체의 도덕비판을 무기로 착한 사람의 폭력성을 여섯 개의 명제로 적나라하게 폭로한다.

    1. 착한 사람은 약자다.
    2. 착한 사람은 안전을 추구한다.
    3. 착한 사람은 거짓말을 한다.
    4. 착한 사람은 무리를 짓는다.
    5. 착한 사람은 동정한다.
    6. 착한 사람은 원한을 품는다.

나카지마는 때로는 니체와 함께, 때로는 니체를 능가하는 거친 언어로 현대 일본사회의 신형 약자를 공격한다. 이 책은 노예 도덕에 대한 니체의 비판을 현대 일본사회의 관점에서 재구성했다고 해도 과언이 아니다.

  착한 사람의 폭력성을 꾸짖는 나카지마의 폭력적 언어를 이해하려면 이 책을 관통하는 핵심명제를 파악해야 한다. "약자는 착한 사람이다." 강함의 반대는 약함이다. 강자의 적대자는 두말할 나위 없이 약자다. 우리는 삶을 대하는 태도로 강자와 약자를 구별한다. 강함과 약함은 본래 도덕적 의미에서의 착함과 나쁨과는 관계가 없었다. 어떻게 강자는 악하고, 약자는 선할 수 있단 말인가?

굳이 강약과 선악을 연관시키자면 강하고 고귀한 자는 자신에게 좋은 것을 규정함으로써 이와 반대되는 나쁨을 만들어냈다는 것이 니체의 핵심적 입장이다. 그에 의하면 선과 악의 기준을 만들어낼 수 있는 자가 진정한 강자다. 그런데 오늘날 많은 사람에겐 강자는 나쁜 사람이고, 약자는 착한 사람이라는 인식이 마음속 깊이 스며들었다. 나카지마는 이런 가치전도를 통해 탄생한 착한 사람의 무리가 견딜 수 없는 것이다.

나카지마는 현대 일본사회를 비판하면서 니체의 도덕비판을 충실히 복기한다. 그는 이 과정에서 약자를 근본적으로 세 가지로 구분한다. 첫 번째는 인권과 민주주의가 보편화된 사회에서 배려의 대상인 '공인된 약자'다. 장애인, 범죄자, 성적 소수자, 외국인, 피차별 부락 출신자 등이 여기에 속한다. 그렇지만 이와 같은 공인된 피차별자는 니체적 의미에서의 약자가 아니다. 그들은 결코 자신의 약함을 착함으로 정당화하지 않는다. 그들은 자신이 너무나 약하여 결코 강자가 될 수 없다는 것은 온몸으로 알고 있다. 뿐만 아니라 그들은 인권과 민주주의의 이름 아래 자신들을 보호하고 배려한다는 착한 사람들의 비열함과 교활함을 꿰뚫어본다. 왜냐하면 착한 사람들이 벌이는 인종차별, 성차별, 동성애 차별 반대운동은 사회를 강하고 건강하게 만들기는커녕 결과적으로는 '약자=착한 사람'의 이데올로기를 확산시키기 때문이다.

두 번째 약자가 나카지마가 증오하는 부류의 '반동적 약자'다. 이들은 자신이 약하다는 사실을 알면서도 이를 인정하지 않고 약함을 착함으로 정당화한다. 그들은 싸워야 할 때 싸울 줄 모르고, 모험이 필요할 때 모험을 감행하지 못하고, 자유가 주어질 때 자율적이지도 못한 무력한 존재다. 이들은 본래 강자에 대해 무력함을 느끼지만, 이러한 무력감에서 강자의 능력과 가치를 증오한다. 이들은 스스로 능동적으로 움직이지는 못하지만 강자의 행위와 가치에 대해 반동은 한다. 이러한 약자들의 반동이 무서운 결과를 초래한다. 왜냐하면 그들은 약한 것은 나쁜 것이 아니라는 사실에 머물지 않고 "약해서 옳다"고 주장하기 때문이다. 니체는 이를 '무력감의 간계奸計'라고 일갈했다.

이러한 반동이 힘을 발휘하는 순간 노예 도덕이 널리 퍼진다. "나는 그 무엇도 스스로 책임질 수 없는 방대한 결함을 짊어진 희생자다. 부조리하게 괴로움을 짊어진 피해자이기 때문에 옳으며, 반대로 훌륭한 자질을 타고난 사람, 그리하여 결과적으로 좋은 것을 누리는 사람은 그 고통을 짊어지지 않았으므로 옳지 않다. 이리하여 자신의 약함을 온몸으로 정당화하는 약자, 즉 선량한 약자가 완성된다." 나카지마의 이 말은 니체가 말했다고 해도 곧이들을 정도로 신랄하다. 물론 오늘날 약자들은 자신의 무지, 무능력, 서투름, 어설픔, 매력의 결핍을 잘 알고 있다. 그렇지만 타인이 그 점을 조금이라도 공격하면 상대의 오만함, 무교양과 불친절함을 철저하게 비난한다. 이렇게 생겨난 착한 사람은 결국 자신의 약함을 정당화함으로써 사회를 약하게 만든다.

세 번째 약자는 나카지마가 현대 일본사회에서 발견한 히키코모리 및 사토리 세대와 같은 '신형 약자'다. 약하다는 사실을 뼈저리게 자각하고 있지만 자책하기는커녕 오히려 자신의 약함을 온몸으로 정당화하는 사람이 약자의 변종이라고 한다면, 신형 약자는 변종의 변종이라고 나카지마는 진단한다. 은둔형 외톨이인 히키코모리는 그 어떤 사회관계도 맺지 못하고, 돈과 출세와 같은 그 어떤 것에도 관심이 없는 사토리 세대는 마치 득도한 것처럼 욕망을 억제하며 현실에 만족한다. 변종 약자는 스스로를 정당화하기 위해서라도 강자를 증오하는 반동을 보이지만, 신형 약자는 반동의 힘마저 없는 철저하게 무기력한 약자다.

선택하고, 모험하고, 행동할 수 있는 능력을 상실해버린 약자들이 현재 일본사회에 우글거린다는 것이다. 이들은 아무것도 하지 않으면서 끊임없이 불평만 늘어놓고, 사회에 관해 상투적인 비판만 하면서 실제로 아무런 행동도 하지 않고, 생각하는 척하면서 실은 아무 생각 없이 살아간다. 이런 종류의 착한 사람은 인간관계가 잘못될까 두려워 관계를 맺지 못하고, 어떤 일이든 지속하지 못하고, 세상이 공연히 무섭기만 하다. 타인을 절대 믿지 못하는 신형 약자가 정작 믿지 못하는 것은 자신이다. 이러한 신형 약자는 무리를 지어 강자에 대항했던 변종 약자와는 달리 무리도 짓지 않고 방에 틀어박혀 살기 때문에 타인과 공감도 동조도 하지 못한다. 이들은 너무나 착해서 자신의 고통도 감내하지 못할 뿐만 아니라 타인이 고통받는 장면조차 견딜 수 없어 한다.

우리는 어쩔 수 없이 니체를 통과해야 한다

나카지마가 소름 끼칠 정도로 생생하게 서술하는 신형 약자는 과연 남의 나라 얘기일까? 물론 우리는 이런 신형 약자가 상투적 예의, 타인에 대한 배려, 스스로를 보호하려는 순응주의가 보편화된 일본사회의 특수현상이라고 치부할 수도 있다. 그렇더라도 나카지마의 비판은 우리에게도 많은 시사점을 던

저준다. 우리도 사회의 양극화는 엄청나게 비판하면서도 건강, 안전, 소소한 행복을 최고의 가치로 추구하지 않는가? 우리 사회도 신형 약자가 들끓는 일본을 닮아가고 있는 것인가?

이런 질문을 던지는 사람에게 이 책은 매력적이다. "더 이상 착하게 살지 마라!"는 나카지마의 말은 "위험하게 살라!"는 니체의 말만큼이나 치명적이다. 나카지마는 니체와 마찬가지로 조금이라도 품위 있게 살고 싶다면 약한 것을 결코 삶의 이유로 삼아서는 안 된다고 주장한다. 이러한 그의 입장이 착하게 살아서는 안 된다는 역설적인 주장으로 표현된 것이다. "착하게 살지 마라!"는 말은 현실 속에서 강해져야 한다는 뜻이다. 우리가 이 책의 원제를 오해해서는 안 되는 것처럼 니체에 대한 나카지마의 평가를 있는 그대로 받아들여서는 안 된다. 니체의 관점을 적용해 현대사회를 해부하는 부분은 신선하고 탁월하지만, 니체의 삶과 사상 자체를, 특히 여성에 대한 그의 말들을 평가하는 부분은 거칠고 조야하다. 이것도 의도적이었을 수 있다. 니체 정신을 받아들이되 니체의 말을 그대로 따르지는 말라는 의도의 역설일 수도 있다.

어떤 것이 좋고, 어떤 것이 나쁜 것인가? 어떤 사회가 강한 사회고, 어떤 사회가 약한 사회인가? 이 물음에 쉽게 대답할 수 없는 사람에게 이 책을 권한다. 좋고 나쁨을 스스로 결정할 수 있는 사람이 진정한 강자라면, 우리는 우리 사회가 갖고 있는 모순과 이중성에 관심을 가져야 한다. 우리의 삶과 사회는 다양한 얼굴을 하고 있다. 나카지마가 무력하고 유약해 빠져 자신의 삶을 주도적으로 살지 못하고 있다고 비판하는 신형 약자는 실제로 개인의 문제이기보다는 사회 구조적 문제일 수 있다. 신형 약자는 어쩌면 사회에서 해답을 찾지 못하기 때문에 니체를 찾는 것일지도 모른다. 이러한 현상이 아무리 모순적일지라도 우리는 하나의 대답을 찾아내야 한다.

니체는 『이 사람을 보라』에서 이렇게 말한다. "어떤 정신이 얼마나 많은 진리를 견뎌내는가? 얼마나 많은 진리를 감행하는가? 이것이 나에게는 점점 진정한 가치 기준이 되었다." 나카지마는 자신이 증오하는 신형 약자들이 니체를 너무 좋아하고 많이 읽는다는 사실을 견디기 힘들어하는 것처럼 보인다. 그렇지만 옳고 그름의 새로운 기준과 강한 사회의 새로운 가치를 창조하고자 한다면 우리는 어쩔 수 없이 니체를 통과해야 한다. 이런 의미에서 이 책은 우리에게 이렇게 묻는다.

"우리는 니체를 얼마나 견뎌낼 수 있는가?"

프롤로그

니체를 읽는
착한 청춘들에게

프리드리히 니체.

그는 젊은 시절부터 내게 혐오의 대상이었다. 아니, 혐오의 대상이라기보다 실은 거의 흥미가 없었다. 가끔 책장을 팔랑팔랑 넘겨보아도 곧바로 "이건 아니야!"라는 고함만 터져나올 뿐이었다. 니체는 당시(1965년~1970년)의 대학생들 사이에서도 인기가 좋았기에, 나의 그런 반응이 대체 무엇 때문이었는지 스스로도 의아했다.

내가 젊었을 때 푹 빠졌던 대상은 키르케고르와 카프카였다. 카뮈와 사르트르였다. 그들은 니체와 무엇이 다른가? 인간을 보는 관점, 아니 어조, 아니 촉감이 달랐다.

키르케고르가 지닌 전형적인 태도이자, 사르트르가 거의 같은 감도로 유지했던 태도는 '자기 자신에 대한 철저한 비판 정신'이라 할 수 있다. 극단적으로 섬세하게 인간을 관찰하는 사람만이 자기 자신을 완전한 '여분의 존재'(사르트르)라고 자각하는 청결함을 지닐 수 있다. 이러한 자기반성적 자세는 키르케고르와 카프카에게서도 엿보인다.(카뮈는 압도적인 지중해의 태양에 흠뻑 빠져 있었기에 그들의 태도와 다소 다르다.)

이와는 반대로 니체의 쩌렁쩌렁한 외침, 영원회귀·운명애·초인 등의 과장된 이념 제시, 눈물을 머금은 자기 긍정, 거리낌 없는 타인 공격 등은 몹시도 볼썽사납고 미련했으며 촌스러웠다.(이 부분은 도스토옙스키도 같은 느낌이다.)

그러나 이렇게 말하면서도 나는 사십 년 동안 니체를 계속 읽어왔고, 그의 모든 책을 독파했다. 게다가 재작년부터는 내가 운영하는 '철학 학원 칸트'에서 학생들과 함께 『차라투스트라는 이렇게 말했다』까지 찬찬히 읽기 시작했다.

그 결과 기본적인 인상은 그다지 바뀌지 않았지만, 나는 니체의 착한 사람 공격이나 동정심 비난은 자신의 내면에 숨어있는 약함, 비열함, 선량함을 향한 것이 아닐까 생각하게 되었다. 마치 히틀러의 유대인 혐오가 자신의 내면에 숨어있는 유대인스러운 요소에 대한 증오였던 것처럼. 그러자 전에는 해독할 수 없었던 수많은 문장의 뒤엉킨 부분이 술술 풀리기 시작했다.

이제 나는 나이를 먹어서 현대 일본 젊은이들의 아무 근거 없는 드센 자존심에 질릴 뿐이다. 특히 2채널* 같은 인터넷 게시판에서 똥오줌을 던지는 듯한 유치한 타인 공격을 볼 때면 '아, 이건 어디선가 마주친 적이 있다'라는 생각이 드는데, 이때 떠오르는 인물이 바로 니체다. 자존심은 있으나 되는 일이 하나도 없어, 인생을 포기하기 직전인 젊은이들이 수백만 명 규모로 생겨나고 있는 현대 일본에서 니체가 인기를 끄는 이유도 알 만하다.

물론 니체는 온종일 자신의 컴퓨터 화면을 노려보며 세상의 모든 성공한 사람을 매도하고, 무슨 일이든 삐딱한 시선으로 단순화하며, 그러면서도 사실은 자살하고 싶을 정도로 스스로를 책망하는 몹쓸 젊은이들과는 확연히 다르다. 니체는 유례없는 수재이며, 특히 언어 창조력 부분에서는 두말할 나위 없는 천재다.

하지만 그의 정신구조는 현대 젊은이들과 몹시 비슷하다. 유치함, 어리석음, 단순함은 물론이고, 어쨌거나 '높이 평가받고 싶다! 존경받고 싶다! 유명해지고 싶다!'고 온몸이 터져라

---

* 일본의 익명 커뮤니티 사이트.

원하는 모습 또한 매우 닮았다.

그러니 자존심 세고 유약한 젊은이들이여, 니체를 읽으라! 그리고 마음껏 자신과 동일시하며 자신의 성서로 삼으라! 세상의 모든 '가축의 무리'를 비웃어주라! 그러면 당분간은 자신을 속일 수 있을지도 모르니까. 최소한 그편이 진실을 알고 절망해서 자살하는 것보다는 훨씬 나으니까.

차례

추천 및 감수의 말 우리는 니체를 얼마나 견뎌낼 수 있는가? ——— 4
프롤로그 니체를 읽는 착한 청춘들에게 ——— 20

**1장
착한 사람은
약자다** ——— 29

약자란 무엇인가 | 약자의 변종 | 약자=착한 사람 | 안락하고 이득인 삶의 방식 | 악행을 저지를 용기 | 공동체의 보호색에 숨는다 | 툭하면 벌렁 드러눕는 개 | 약자는 가해자다 | 착하게 살라는 가르침의 희생자 | 정직하면 손해라는 한탄 | 현대사회의 신형 약자 | 약자가 좋아하는 강자 지배 | 약자는 권력에 민감하다 | 공인된 피차별자

2장
착한 사람은 안전을 추구한다
———— 73

최고의 가치는 신체 보전 | 어디서나 흘러나오는 멍청한 안내 방송 | 후기 고령자 | 나는 이걸로 족하다 | 질투와 증오 | 저널리즘의 거짓말 | 착한 사람은 잘 속는다 | 고지식한 정신 | 성의 있는 몰락 | 욕망에 사로잡혀 울부짖는 들개 | 운명애와 우연

3장
착한 사람은 거짓말을 한다
———— 113

진실은 반감을 사는 경우가 많다 | 선의의 거짓말 | 타인의 호의에 대한 불만 | 속내가 뻔히 보이는 아첨하는 문장 | 바보스러울 정도로 정중한 문장 | 무례한 태도로 돌변하기 | 편집자의 비열함과 천박함 | 성실하라는 가르침 | 거짓말할 용기조차 없는 자 | 여자와 거짓말 | 여자에게 가려면 채찍을 들어라 | 루 살로메에게 당한 실연 | 여자에 대한 두려움

4장
착한 사람은 무리를 짓는다 ——— 161

가축의 무리 | 공정함과 복수 | 관리받고 싶은 마음 | 부당한 대우 | 평등에 대한 믿음 | 독거미 타란툴라 | 텔레비전은 가장 기만적인 공간 | 예외자에 대한 배척 | 적을 사랑할 수 있는가 | 이기주의는 악이 아니다 | 무리를 짓지 않는 약자

5장
착한 사람은 동정한다 ——— 197

누구에게도 상처받지 않기 | 동정심이 만드는 불쾌함 | 타인을 괴롭게 만드는 권력 | 영혼을 부패시키는 동정 | 동정과 수치심 | 깨물면 이가 부러질 정도의 친구 | 니체의 다정함

6장
착한 사람은 원한을 품는다 ——— 221

도덕의 기원 | 니체와 르상티망 | 너무도 단순한 학자 비판 | 몸을 던져 싸우지 않는 남자 | 패배자의 욕설 | 개구리의 원근법 | 니체는 동성애자인가 | 바그너와의 결별 | 엘리자베트 니체

7장
니체라는 착한 남자 ——— 251

자기 개조로 강해진 남자 | 하찮은 인간들에 대한 흥미 | 우월한 사람에 대한 비열한 태도 | 대등한 인간관계를 맺지 못하는 남자 | 악의의 희생자 | 나는 훌륭하다 | 아름다움은 소수의 것

에필로그 니체의 극악무도함에 비하면 히틀러는 잔챙이다 ——— 274
옮긴이의 말 내 안의 착한 사람 조각 발견하기 ——— 277

1장

착한 사람은
약자다

정말이지 나는 자주 저 허약한 자들을 비웃었다.
그들은 자신이 선량하다고 믿지만, 실은 앞발이 마비된 것뿐이다!

약자란 무엇인가

우선 내 나름대로 약자를 정의해보겠다.

약자란 자신이 약하다는 사실을 뼈저리게 자각하고 있지만, 그에 대해 자책하기는커녕 오히려 자신의 약함을 온몸으로 정당화하는 사람이다.

이는 스페인의 철학자 호세 오르테가 이 가세트(José Ortega Y Gasset)가 말한 대중의 정의와 거의 일치한다.

> 대중이란 좋은 의미로든 나쁜 의미로든 자신의 특수한 가치를 인정하려 하지 않고, 자신은 모든 사람과 마찬가지라고 느끼며, 그에 대해 고통스러워하기는커녕 자신이 다른 사람들과 동일하다고 느끼는 데서 기쁨을 발견하는 모든 사람이다.
>
> 호세 오르테가 이 가세트, 『대중의 반역』

이 이상 명확한 정의는 없지만 머리가 유연하지 못한 둔한 독자를 위해 다시 한 번 확인해두자. 그가 말하는 대중을 약자로 바꾸어보면 다음과 같다.

"약자란 좋은 의미로든 나쁜 의미로든 자신의 특수한 가치를 인정하려 하지 않고, 자신은 약자라고 느끼며, 그에 대해 고통스러워하기는커녕 그렇게 느끼는 데서 기쁨을 발견하는 모든 사람이다."

약자란 "나는 약하니까"라는 이유를 뻔뻔스럽게 내세우면서 그것이 상대를 설득하고 자신을 보호하는 정당한 이유라고 믿는 사람, 자신이 사회적으로 약한 입장이라는 점에 대해 전혀 부채감을 느끼지 않고, 그로부터 벗어나고자 하는 그 어떤 노력도 하지 않으며, 오히려 자신의 약함을 당연하다는 듯 내보이며 약자의 특권을 요구하는 사람이다.

다시 말해 약자는 자신의 무능함을, 자신의 무지를, 자신의 나태함을, 자신의 서투름을, 자신의 어설픔을, 자신의 인간적 매력의 결핍을 비하하지도 부끄러워하지도 않을뿐더러 "이대로도 괜찮아"라고 정색하는 것은 물론, "그러니까 나는 옳아"라고 으스대기까지 한다.

아니, 단호하게 말했지만 실상은 약간 다르다. 이 부분은 눈을 크게 뜨고 잘 관찰해야 보인다. 사실 그들은 자각이 있든

없든 뼛속 깊이 자신을 비하하고 부끄러워한다. 그들은 강자가 대놓고 표현하지 않더라도, "당신은 가난하니까", "당신은 가방끈이 짧으니까", "당신은 무능하니까"라는 냄새를 풍기는 말을 조금이라도 꺼내는 즉시, 얼굴이 증오로 굳어져 상대를 핏발 선 눈으로 노려보며 '평생 절대 용서 안 할 테다!'라고 마음속으로 맹세한다. 혹은 그와는 완전히 반대로, 살아가는 게 불가능할 정도로 기력을 잃기도 한다.

강자는 어디서나 항상 비판을 받고, 또 그에 익숙해지기 마련이다. 그러나 약자는 모두가 종기 다루듯 조심스레 대한다. 그로 인해 약자는 확실한 비판을 한 번 받으면(즉, 진실을 들으면) 깜짝 놀라 목소리조차 나오지 않게 된다. 그러니 약자는 더욱 제멋대로 설치며 반성하지 않는 것이다.

따라서 약자란 자신의 약함을 정당화하고, 자신의 무지, 무능력, 서투름, 어설픔, 매력의 결핍을 알고 있긴 하나 그 점을 조금이라도 공격하는 타인의 시선에 맞닥트리면 상대의 오만함을, 무교양을, 불친절함을 철저하게 비난하고 뭇매를 때리며 그를 결코 용서하지 않고 제물로 삼는 사람이다. 오르테가는 『대중의 반역』에서 대중의 이러한 흉포성을 분명하게 지적했다.

대중은, 그 밀도와 엄청난 숫자를 보면 누구나 확실히 알겠지만, 대중이 아닌 자와의 공존을 바라지 않는다. 아니, 대중이 아닌 자에게 죽어도 잊지 못할 만큼의 증오를 품는다.

아무래도 현대 일본에서는 대중의 이런 부정적인 힘이 기하급수적으로 커지고 있는 듯하다. 오르테가의 정의에서 대중은 모든 사람과 같아지기를 열망하지만, 약자는 자신이 대중보다 아주 약간 더 하위에 속한다는 사실을 자각하고 있으므로 다른 사람들과 동일하다고 느끼는 기쁨을 빼앗긴다. 그 결과 심하면 더 이상 살아갈 기력까지 잃어버린다.

대중이라는 족속 가운데 하위(최하위가 아닌 평균보다 약간 더 아래)에 속한다고 스스로 느끼는 사람이야말로 내가 정의하는 약자에 해당한다.

약자의 변종

그런데 여기에(어느 시대든 존재했지만 현대 일본에서 특히 번성하고 있는) 독특한 약자 무리가 있다. 그들의 사회적 평가(학교 성적 등)는 결과적으로 평균을 넘지 않지만, 사실 스스로도 평균이 되는 것을 결코 원하지 않는다.

그들은 지금까지 이루어진 모든 평가가 자신에게 특별한 능력이 없다는 사실을 드러내고 있음에도 불구하고, 그 어떤 근거도 없이 자신은 '평균 이상이어야 한다'는 생각을 버리지 못한다. 게다가 이런 불리한 요소들이 언젠가 상황을 단번에 유리하게 바꾸는 원동력이 될 수는 없을지 모색한다. 하지만 그들은 구체적으로 그 어떤 행동도 하지 않는다. 매일 밤 이불 속에서 이렇게 할지 저렇게 할지 끙끙대기만 할 뿐이다.

그들은 보기에 따라서는 대단히 총명해서 자신을 심하게 탓하는 경우가 없다. 왜냐하면 생각하면 할수록 이 모든 평가는 자신 탓이 아니라는 사실이 분명하기 때문이다. 자신에게 들러붙어 있는 수많은 부정적인 요소는 유전자 때문, 열악한 환경 때문, 불운 때문인 것이다.

그러나 그들은 이 주장의 허무함 또한 알고 있다. 이렇게 주장한다 해서 그들의 부정적인 면이 재평가될 리는 없기 때문이다. 기껏해야 상냥한 학생이나 평등을 추구하는 학생, 또는 약자를 위로하는 학생이나 강자를 저주하는 학생이 비릿하고 뜨뜻미지근한 숨을 거세게 내뿜으며 끈적끈적한 눈빛으로 그들에게 다가올 뿐이다. 그건 절대 참을 수 없다!

그래서 그들은 다음과 같은 간단한 도식을 만든다.

'나는 이상이 높기 때문에 시시한 소망으로 타협하는 주위의 녀석과는 질적으로 다르다. 그렇기 때문에 여간해서는 결과를 내지 못하는 것이다.' 또는 '나는 충분히 능력이 있지만 인간관계가 서툴러서 모든 일이 잘 풀리지 않는 것이다.'

정리하자면, 자신은 원래 능력이 출중하지만 사는 게 너무 서투르기 때문에 이 거친 현대사회에서는 재능을 발휘할 장소를 찾지 못한다는 것이다.

이런 도식을 잘 체화해서 스스로를 납득시키는 동안은 아직 버틸 수 있다. 그러나 그들은 점점 이 도식의 기만성을 알아차린다. 그러다 완전히 다 알아채면 더 이상 버티지 못하므로 끝까지 도식에 매달린다. 따라서 인생을 건 그들의 싸움이란 고작 자기가 만든 구도와의 싸움에 불과하다.

약자=착한 사람

이러한 약자들은 언젠가(아마도 서른을 넘길 즈음) 이런 자기 자신과의 싸움에 지쳐서, 그리고 정신 건강을 위해, 즉 자기 방어를 위해 자신에 대한 공격을 멈춘다.

'나는 확실히 약하다. 하지만 누가 뭐래도 나는 옳다!' 하지만 이 선언은 스스로를 속이는 자기기만이므로 항상 그렇게 믿으려고 의식적으로 노력해야 한다.(그렇지 않으면 무너지고 만다.)

여기서 약자는 실로 총명하게도 한 가지 커다란 가치 전환을 꾀한다.

'나는 약하지만 옳은 게 아니다. 약해서 옳은 것이다! 다시 말해 나는 그 무엇도 스스로 책임질 수 없는 방대한 결함을 짊어진 희생자다. 부조리하게 괴로움을 짊어진 피해자이기 때문에 옳으며, 반대로 훌륭한 자질을 타고난 사람, 그리하여 결과적으로 좋은 것을 누리는 사람은 그 고통을 짊어지지 않았으므로 옳지 않다.'

이리하여 자신의 약함을 온몸으로 정당화하는 약자, 즉 선량한 약자가 완성된다.

어째서 약자는 이처럼 총명한가? 왜냐하면 이것만이 약자가 약자인 채 절망도 자살도 하지 않고 간신히 살아남을 수 있는 유일한 길이라는 사실을 알고 있기 때문이다. 니체 역시 이 점을 꿰뚫어보았다.

정말이지 나는 자주 저 허약한 자들을 비웃었다. 그들은 자신이 선량하다고 믿지만, 실은 앞발이 마비된 것뿐이다!

『차라투스트라는 이렇게 말했다』 제2부, 「숭고한 자들에 대하여」

약자는 공격하는 앞발이 약하기 때문에 뒤에서 몰래 선량함과 손을 잡는다. 그리고 이로써 선량한 자신의 옳음을 굳게 확신한다. 그뿐만이 아니다. 그 이면의 논리를 내세우며 '강하니까 나쁘다'라며 강자를 몰아세운다.

니체에게 약자란 이천 년 동안 성직자들에 의해 약하다는 이유로 추앙받아온 자들, 지상의 모든 권력과 부, 지식, 아름다움을 가지지 않았다는 이유로 천국으로 갈 자격이 있다고 떠받들려온 기독교 신자들이었다. 그들은 근대에 이르러 민주주의나 기본적 인권을 근거로 약함에 더욱 안주하게 되었다. 약함을(내심 부끄러워하면서도) 자랑하고, 약함을 무기 삼아 "나는 약해서 옳다"고 주장한다.

이러한 경향은 20세기 후반부터 인종차별, 성차별, 동성애차별 반대운동 등과 함께 더욱 가속화되었다. 전 세계적으로 기독교가 쇠퇴하고 있으나, 그만큼 장애인이나 소수민족, 성적 소수자 등 피차별자의 인권을 핑계 삼아 약자의 목소리가 더 커지고 있는 것이다.

이러한 경향은 기독교 전통을 뛰어넘어 지상의 모든 지역에 침투하여 인류 전체를 지배하려 한다. 이 경우 피차별자가 아님에도 피차별자의 인권을 소리 높여 옹호하는 사람을 주목할 필요가 있다. 그들 속에 니체가 비판한 약함을 정당화하는 가장 악질적인 사상이 뿌리내리고 있다. 그들은 '약자=착한 사람'이라는 공식으로 피차별자를 치켜세움으로써 자기 자신을 도덕적 인간이라 믿고 우쭐대는 것이다.

안락하고 이득인 삶의 방식

약자는 '나는 약하니까 어쩔 수 없어'라는 원리에 처음에는 조심스럽게, 나중에는 점차 공공연하게 매달린다. 게다가 '어쩔 수 없어'라고 반복해서 중얼거리며 결코 자신의 책임을 인정하려 들지 않는다.

그러나 그들은 '나는 약자니까 모두가 이해하는 내용을 이해하지 못해도, 생각지 못한 실수로 큰 손해를 입어도 어쩔 수 없어'라고는 결코 생각하지 않는다. 오히려 약자의 이해력에 맞추어 약자가 아무런 손실을 입지 않도록 배려하는 사회를 만들어야 한다고 생각한다. 다시 말해 "사회 전체가 약자에게 맞춰주어야 한다!"고 큰소리로 호소하는 것이다. 이를 통해 사회 전체를 약하게 만들고자 한다.

이런 생각은 특히 현대 일본에서 무서운 기세로 실현되고 있다. 즉, 이 폭력적인 약자의 목소리에 정부와 국회, 기업이 납죽 엎드려 설설 기고 있다. 그리하여 결과적으로 그 게으르기 짝이 없는 오만함에 조금도 저항하지 못하는 사회가 만들어지고 있다. 약자와 그 약자에게 관념적으로 찬동하는 자들이 공모하여 "약하니까 어쩔 수 없다"라는 평계를 대는 사람을 철저히 옹호하고, 이를 비판하는 사람을 철저히 응징하고 박해하는 것이다.

니체의 시선은 바로 이런 풍조를 향한다. 우리가 살아가는 사회는 약자에게 모두가 달라붙어 그들이 응석을 부리게 만드는 곳이다. 바로 그렇기 때문에, 만약 조금이라도 품위를 가지고 살고 싶다면 약한 것을 결코 삶의 이유로 삼아서는 안 된다. 약자라는 사실이 아무리 부조리하다 해도(실로 부조리의 극치다!) 자신의 약함에 느긋하게 몸을 내맡겨서는 안 된다.

"약하니까 어쩔 수 없어"라는 변명을 앞세우는 사람은 약자라는 입장에서 일 밀리미터도 움직이려 하지 않고(왜냐하면 그편이 안락하고 이득이니까) 자신을 지키는 데만 온 신경을 집중한다. 그는 자신이 약자라는 사실을 염불처럼 외며, 어떤 일이건 바른길을 벗어난 행동을 삼가고 상식과 관습을 중시한다.(왜냐하면 그쪽이 안락하고 이득이니까.)

아니, 좀 더 정확하게 말해둘 필요가 있다. 그들 중 대부분은(나중에 자세히 알아보겠지만) 어느 정도는 자신의 약함을 부끄러워한다. 하지만 자신의 약함이 폭력적이라는 점은 충분히 알지 못한다. 자신의 약함이 약자로 살기를 거부한 사람들에게 혹여 피해를 주지 않을지 생각하지 않는다.

어째서 생각하지 않는가? 끊임없이 자신을 연마하는 강자(오르테가의 말을 빌리자면 엘리트)에 대한 질투 때문이다. 그 질투심을 자기 자신에게 교묘하게 숨긴 채, 약자는 처음에는 조심스레, 나중에는 점차 큰소리로 강자를 손가락질하며 "자기중심적이다! 이기적이다! 사회의 적이다!"라고 외친다.

이리하여 거치적거리는 사람을 몽땅 아궁이 불에 집어넣으면 확고하게 선량한 시민이 된다. 그저 이렇게 지내기만 하면 모두 자신을 친절하게 돌보아준다. 휘청거리는 다리로 전철을 타면 모두가 앞다투어 친절한 눈빛으로 자리를 양보해준다. 에스컬레이터에서 살짝 비틀거리면 모두가 큰일이라도 난 듯 도와준다. 그리고 아무것도 하지 않는 고약한 무리를 침이라도 뱉을 듯 차갑게 쳐다봐준다.

아, 이보다 더 안락하고 이득인 삶의 방식이 있을까? 약자가 "약자니까 어쩔 수 없다"는 특권을 결코 내놓지 않는 것도 충분히 이해가 간다.

악행을 저지를 용기

선량한 약자는 사회의 심판을 절대적으로 두려워한다. 그렇기 때문에 사회의 심판을 받은 사람을 절대적으로 모멸하고 배제한다. 그들은 사회 제도에 대해 결코 의문을 품지 않는다. 아니, 이 말은 사실이 아니다. 평소에는 그렇더라도 일단 자신이 제도의 피해자가 되면 제도의 불충분함을 징과 북을 두들기며 소란스레 알린다.

그 열정이란 정말로 무시무시하다. 제도가 나빠서 해고되었다는 둥, 제도가 정비되지 않아서 연금을 못 받는다는 둥, 적장의 목이라도 벨 기세로 기고만장하게 떠들어댄다.

그러나 온정적 제도 덕분에 자신이 과분하게 보호받고 있다(이를테면 연금제도 그 자체)고 주장하는 일은 결코 없다. 그들은 인생을 살며 스스로를 일부러 가혹한 방향으로 끌고 가는 훈련을 전혀 하지 않았기에, 자신이 남보다 손해를 보는 제도, 자신의 노력이 보답 받지 못하는 제도를 발견하는 즉시 신경질적으로 "부당하다!"고 외친다.

왜 이렇게 자기중심적일까? 게다가 어째서 자신이 절대로 자기중심적이지 않다고 믿을 수 있을까? 그것은 그들이 의

문을 느끼지 않도록 스스로를 훈련시켜왔기 때문이다. 그들에게 약간의 학식이라도 있는 경우에는(아, 약간의 학식만큼 해로운 것은 없다!) 게슴츠레한 얼굴로 "민주주의니까" 혹은 "법치국가니까"라고 말한다.

선량한 약자가 범죄에 손을 담그지 않는 것은 양심에 찔리기 때문이 아니다. 그들은 그렇게 착각하고 있지만, 그들에게 엄밀한 의미의 양심 따위는 없다. 양심은 사회의 규정과 자신의 신념 사이에 간격이 벌어질 때 선명히 드러나는데, 그들에게는 이러한 간격이 결코 생기지 않기 때문이다. 이에 대해 칸트는 다음과 같은 지당한 말을 했다.

나쁜 짓을 하려 해도 할 수조차 없게 된 건 견딜 수 없는 일이다.

임마누엘 칸트, 『아름다움과 숭고함의 감정에 관한 고찰』.

니체의 다음 말도 같은 뜻이다.

착한 사람들은 모두 약하다. 나쁜 사람이 될 수 있을 만큼 강하지 않기 때문에 그들은 착한 사람인 것이다.

『권력에의 의지』

한 번 더 확인해두자. 착한 사람이 나쁜 짓을 하지 않는 이유는 그것이 나쁘기 때문이 아니다. 오직 사회로부터 말살당하고 싶지 않아서, 즉 악행을 저지를 만한 용기가 없기 때문이다. 사회에 저항하며 홀로 살아갈 정도로 강하지 않기 때문이다.

그럼에도 불구하고 그들은 양심에 찔려서 나쁜 짓을 하지 않는다고 믿고 있다. 뻔뻔하게도 자신을 미화하고 싶은 것이다. 착한 사람의 가장 큰 죄는 둔감한 것, 즉 스스로를 자세히 살펴보지 않는 것, 생각하지 않는 것, 느끼지 않는 것이다.

공동체의 보호색에 숨는다

착한 사람은 절대 범죄에 손을 담그지 않을 정도로 현명하다. 그러나 동시에 살인이나 방화, 강간을 저지르는 사람의 마음을 전혀 모를 정도로 어리석다. 아니, 여기서도 다시 정확히 말해둬야겠다. 그들은 모르는 게 아니다. 어렴풋이 알고는 있지만 불순물을 뇌에서 날려버리듯 머리를 좌우로 크게 흔들며 모른 척하는 것이다.

그 결과 그들은 부모에게 복수하기 위해 집을 통째로 불

태우고 싶다거나 인생이 싫어져 무차별적으로 남을 죽이고 사형당하고 싶다는 청년의 마음 따윈 전혀 모르겠다고 시치미를 뗀다. 그리고 "그렇게 죽고 싶다면 혼자 죽으면 되잖아"라고, 머리 한구석에서 쥐어짰을 뿐인 너절한 말을 공공연히 떠들어 댄다. 게다가 "똑같이 괴로워도 필사적으로 참고 사는 사람도 있는데"라며, 더할 나위 없이 멍청한 얼굴로 진지하게 말한다.

어째서일까? 왜 그들은 이토록 멍청한데 태연히 지낼 수 있을까? 왜냐하면 그들은 인간 행동의 복잡함에 대해 생각하지 않도록 매일 훈련하기 때문이다.

범죄와 그 동기는 본인조차 모를 정도로 복잡하게 뒤엉켜 있으며, 또 그것을 "××때문"이라고 단정 짓는 것은 몹시 수상적은 일임에도 불구하고, 착한 사람들은 거기에 발을 들여놓으면 위험하다는 사실을 깨닫고는(그런 센스는 이상하게 발달했다) 깊이 생각하지 않으려고 조심한다. 즉, 그들은 아무것도 생각하지 않은 채 그저 여기저기서 들려오는 안전하고 무해한 의견만을 받아들여 그것을 구관조처럼 반복하고 있을 뿐이다.

그러니까 착한 사람이란 자신이 속한 공동체의 가치관에 딱 달라붙어 그 공동체의 색깔과 같은 보호색으로 자신의 신체를 숨기고 살아가는 사람, 살아갈 수 있는 사람, 살아가고자 하는 사람이다.

이런 말을 하면 진지한 얼굴로 "나라고 그렇게 살고 싶은 게 아니다, 그런 삶은 너무 괴롭다, 어떻게든 여기서 벗어나고 싶다"라고 우기는 사람도 있을 것이다. 하지만 그렇게 항의하는 사람이라도 실제로 거기서 벗어나지 않는 한, 즉 일부러 위험한 상황에 자신을 몰아넣고 행동하지 않는 한, 그 역시 착한 사람과 같은 굴속에 사는 너구리다. 모두가 화내는 일에 자신도 화내고, 모두가 아무렇지 않아 하는 일에 자신도 아무렇지 않아 하는 기계인형이다.

착한 사람이라는 이름의 약자는 자신이 속한 공동체에서 배제되는 일을 진심으로 두려워하기 때문에, 그게 뭐든 자신이 현재 속한 공동체의 방침에 어느새 동참하게 된다. 그들은 평소에는 지극히 부드럽고 온화하다. 그러나 신변의 안전이 위협받는 전시가 되면 그 즉시 만사를 팽개치고 권위에 자신을 맞춘다. 이를 위해서라면 모든 사람을 배신하고, 지금 막 내뱉은 주장을 취소하며, 조그만 위험에도 조개처럼 입을 닫는다.

안락 및 이득과 맞바꾼 그들의 인생은 가난하고 옹색하고 갈수록 쪼들릴 것이다. 감수성과 사고력도 무뎌지고, 온몸에는 "약하니까 어쩔 수 없다"는 화음이 울려 퍼진다. 그것을 조금이라도 비판하는 의견에는 거세게 덤벼들고, 조금이라도 위협이 되는 의견에는 귀를 닫는다. 사르트르 식으로 말하자면 끊임없이 스스로를 속이는 자기기만mauvaise foi에 빠진다. 게다가 이 모두를 거의 무의식적으로 해치운다.

그리하여 선량한 시민의 몸속에는 오랜 세월에 걸쳐 불투명한 침전물이 쌓인다. 그것은 단단한 덩어리가 되어 그들의 사고를 마비시키고 문제를 문제로 느끼지 못하게 한다. 아니, 더욱 악질적이게도 자신의 안락과 이득에 직접적인 관계가 없는 한, 어떤 문제에 대해서도 강 건너 불 보듯 하는 자세를 취하게 한다. 자신과 다른 사람(안락과 이득을 삶의 기준으로 삼지 않는 사람)을 엄청난 폭력으로 박해하고 있음에도 그에 대해 전혀 눈치채지 못하는 둔감하고 태만한, 게다가 자신이 옳다고 믿어 의심치 않는 '약자=착한 사람'의 결정체는 이 모든 과정을 통해 완성된다.

툭하면
벌렁 드러눕는 개

약자의 생태를 니체처럼 날카롭게 폭로한 철학자는 없다. 그는 약자는 만나는 사람을 정확하게 분류하여, 자신이 상대에게 이길 수 없다 싶으면 '툭하면 벌렁 드러눕는 개'가 된다고 말한다.

> 그것(자기희열)이 더욱 멸시하는 자는 재빨리 영합하는 자, 개처럼 툭하면 벌렁 드러눕는 자, 비굴한 자다. 그들은 비굴하고 개 같고 위선적이나 즉시 영합하는 지혜도 갖추었다.
>
> 그것(자기희열)은 결코 자기 자신을 지키려 하지 않는 자, 독성 있는 침이나 사악한 눈길도 받아들이는 자, 지나치게 인내심이 강한 자, 무엇이든 견디는 자, 무슨 일이든 만족하는 자를 증오하고, 그런 자들에게 구역질을 느낀다. 한마디로 이 모든 것은 노예의 속성이기 때문이다.
>
> ― 『차라투스트라는 이렇게 말했다』 제3부, 「세 가지 악에 대해」

니체가 암시하듯, 학자나 지식인으로 불리는 자가 특히 그럴지도 모른다. 나도 각종 학회에서 '툭하면 벌렁 드러눕는 개' 같은 학자를 얼마나 많이 봐왔는지 모른다.

그들은 학회가 끝난 뒤 회식 장소에 도착하자마자 주위를 획 둘러본 뒤, 그중 가장 높은 사람에게 꼬리를 흔들며 달려간다. 그러고는 부리나케 허리를 굽혀 맥주를 따르고, 끊임없이 아양을 떨면서 맞장구를 친다.

그 높은 사람이 학문에 관해 아무리 터무니없는 의견을

내세워도 "맞습니다, 헤헤헤"라며 동조한다. 그야말로 결코 자기 자신을 지키려 하지 않는 자, 독성 있는 침이나 사악한 눈길도 받아들이는 자라고 할 수 있다.

그는 얼마간 환담을 나누고 나면 다시 장내를 두리번거리며 그다음으로 높은 사람을 찾는다. 그리고 발견하는 즉시 또다시 달려들어 지나치게 인내심이 강한 자, 무엇이든 견디는 자, 무슨 일이든 만족하는 자로 변한다.

설사 자신을 따르는 젊은이와 열띤 대화를 나누는 중이더라도 다른 높은 사람이 "자네"라며 등을 두드리면, "앗, 선생님!" 하고 과장되게 목소리를 높이며 맥주잔이 있는 곳으로 뛰어간다. 그러고는 "죄송합니다, 먼저 인사드렸어야 했는데"라며 몇 번이고 굽실굽실 머리를 숙이면서 맥주를 따른다.

방금 전까지 대화를 나누었던 젊은이는 안중에도 없다. 이런 식으로 회식은 그에게 노예근성을 드러내는 장이 된다. 게다가 끔찍하게도 그는 자신의 추악함과 우스꽝스러움을 전혀 알아차리지 못한다.

이런 학자가 높은 사람이 되면 큰일이다. 후배에게도 자기와 같은 태도, 아니 훨씬 더 비굴한 태도를 요구하기 때문이다. 또한 자기에게 꼬리를 흔들지 않는 개들을, 자기 앞에서 툭 하면 벌렁 드러눕지 않는 개들을 "건방지다!"고 단정하며 온갖 욕설을 퍼붓고, 있지도 않은 소문을 꾸며내며, 학회에서 추방하려고 한다.

어느 조직이건 마찬가지일 것이다. 신입사원, 대학 조교, 초선의원 등 조직의 가장 아래쪽에 있는 사람은, 어느 정도 비굴해지지 않으면, 어느 정도 노예근성을 내보이지 않으면 그 조직 속에서 인정받지 못할 테니까.

문제는 전적으로 윗사람의 태도에 있다. 윗사람이 아랫사람에게 툭하면 벌렁 드러눕는 개가 되기를 요구하면, 그 아랫사람도 이십 년 뒤에 똑같이 자신의 아랫사람에게 툭하면 벌렁 드러눕는 개가 되기를 요구한다.

그나마 윗사람이 업무적으로 존경받거나 인간적으로 사랑받는다면 조직은 어느 정도 원만하게 굴러간다. 가장 비참한 경우는 그 어떤 업무적 존경도 받지 못하고, 그 어떤 인망도 없는 자가 아랫사람에게 툭하면 벌렁 드러눕는 개가 되기를 요구할 때다. 그러면 조직의 분위기는 험악해질 대로 험악해지고 아랫사람의 불만은 한없이 커진다.

개처럼 킁킁거리며 사람을 냄새로 구분해 따르는 약자라도, 아니 약자이기 때문에 더더욱, 면전에서 벌렁 드러누울 가치가 있는 사람과 그렇지 않은 사람을 정확히 구분해낸다. 약자이기에 누구 앞에서건 툭하면 벌렁 드러눕지만, 그러면서 마음속으로는 상대를 경멸하는 경우도 있다. 약자는 이런 식으로 살아남는다. 그래서 살아남으면 살아남을수록 약자 특유의 슬기가 더해져 더욱 비열해진다.

약자는 가해자다

어떤 사람은 "나는 이런 삶이 편하니까 괜찮아. 나름대로 행복하니까 내버려 둬"라고 말할지도 모른다. 그러나 그럴 수 없다.

왜냐하면 당신은 그런 식으로 약함에 머무르고 약함에 기대어 항상 음습한 가해자가 되기 때문이다. 게다가 악질적이게도 자신이 가해자라는 사실을 알아차리지도 못한다.

당신은 눈앞에서 온갖 부정이 일어나도 당신의 안녕이 위협받지 않는 한 아무것도 하지 않을 것이다. 마치 눈앞에서 집단 따돌림을 목격하고도 안절부절못하며 그 현장을 외면하고 아무것도 하지 않는 아이처럼 말이다. 설령 온갖 고통에 찬 울부짖음이 바로 당신의 귓가에서 울려 퍼져도, 이를 악물고 얼굴을 찌푸리며 그것을 거부할 것이다.

나아가 당신은 구할 수 있었는데도 구하지 않아 깊은 상처를 입은 사람이 등장하면, 즉시 마음이 동요해 자신을 책망하는 척할 것이다. 집단 따돌림을 당한 끝에 반 친구가 자살하면 저도 모르게 어깨를 들썩이며 정신없이 우는 아이처럼 말이다.

어쩌면 찰나 동안은 반성하겠지만, 눈 깜짝할 사이에 그 모든 것을 잊어버리고 다시 눈앞에서 일어나는 폭력을, 부정을, 민폐를 철저하게 외면할 것이다. 게다가 약함과 굳게 결합해 있는 한, 당신은 남들에게도 "약한 채로 있으라!"는 신호를 끊임없이 보낼 것이다. 약한 자가 강해지려 하면 필사적으로 막을 것이다. 생명, 안전, 소소한 행복을 늘 염불처럼 귓가에 외며 "세상은 그렇게 만만하지 않아!"라는 신호를, "언제까지 꿈만 꿀 거야!"라는 신호를 끊임없이 보낼 것이다.

자신의 신념이나 미학에 따라 사는 사람을, 그러기 위해서라면 위험도 불사하고 생명도 내던질 수 있는 사람을, 당신은 내심 불안해하면서도 마음 깊이 비웃을 것이다. 그의 모든 노력 따위야 간편하게도 '어차피'라는 부사로 갈아 없애면 그만이다.

예상대로 약자가 강자가 되지 못하고 좌절하면, 당신은 안심하며 가슴을 쓸어내릴 것이다. 자신의 현명함을 재확인하며 스스로를 더욱 약한 자의 움막으로 몰아넣을 것이다. 게다가 자기는 아무 나쁜 짓도 안 했다고 믿는, 전혀 손쓸 수 없을 정도로 기만적인 작자로 변할 것이다. 니체는 약함에 기대는 착한 사람인 당신이야말로 가장 해악을 끼친다고 말한다.

> 나쁜 사람들이 어떤 해악을 끼치든, 착한 사람들이 끼치는 해악이야말로 가장 해롭다! 또한, 세계를 비방하는 자들이 어떤 해악을 끼치든, 착한 사람들이 끼치는 해악이야말로 가장 해롭다.
>
> 『차라투스트라는 이렇게 말했다』 제3부, 「낡은 서판과 새로운 서판에 대하여」

그러니까 착한 사람이란 자신이 약자이기 때문에 선량하다고 믿는 사람, 다시 말해 약자이기 때문에 끼치는 해악(아, 이것은 얼마나 심각한 해악인가!)을 전혀 자각하지 못하는 사람이다. 착한 사람은 절대 스스로 반성하는 법이 없고, 오히려 강자 때문에 영원한 피해자가 된 척한다. 강자에게 끊임없이 농락당하는 불쌍한 사람이라는 자화상을 계속 그리는 것이다. 이 이상의 둔감함, 태만함, 비열함, 교활함, 다시 말해 해악이 또 있을까!

착하게 살라는
가르침의 희생자

아이들의 집단 따돌림에서 가해자의 비열함은 철저하게 추궁해야 한다. 그러나 따돌림의 표적이 된 사람에게도 나름대로의 이유가 있다. 그들이 나쁘다는 얘기를 하려는 게 아니다. 오히려 그들은 현대 일본을 지배하는 착하게 살라는 가르침의 참된 희생자다.

물론 그들이 실제로 착하기를 선택한 것은 아니다. 왜냐하면 그들은 아무리 타인에게 괴롭힘을 당하거나 상처를 입거나 인격을 부정당해도 착하게 있는 것밖에는 할 수 있는 게 없기 때문이다.

그들은 타인에게 맞설 수 없으며, 타인의 공격을 완강하게 거부할 수조차 없다. 게다가 그런 자신을 혐오한다. 그러니 어떤 의미로든 그들은 옳지 않다.

기독교에서 말하는 아가페나 간디의 비폭력 무저항 운동과는 완전히 다르다. 그들에게는 예수나 간디처럼 강한 자에게 맞설 용기가 없다. 그러므로 강한 자를 격렬하게 미워하면서, 그런 용기 없는 자신을 탓할 수밖에 없다.

그들은 강함에 맞설 용기가 철저히 배제된 열악한 환경에서 자란 희생자다. 그들은 이런 식으로 자기암시를 할 수밖에 없다. '따돌림을 당하는 아이는 모두 착한 아이다. 그런 아이가 옳고, 반대로 따돌림을 주도하는 아이가 옳지 않다. 이 세상에 착하고 좋은 아이만 있다면 어떤 문제도 없을 것이다.'

그러나 유감스럽게도 그린란드로부터 칠레에 이르기까지, 인간이 사는 세계는 어디든 그런 식으로 이루어져 있지 않다. 남의 주머니에서 지갑을 훔치는 자, 분실물을 가져가는 자, 여권을 위조하는 자, 보이스피싱을 하는 자 천지다. 이런 자들은 확실히 나쁜 놈이다. 누구든 좋으니 죽이고 싶다는 자, 아무라도 좋으니 강간하고 싶다는 자, 어디든 좋으니 불 지르고 싶다는 자 역시 위험하기 짝이 없는 악질이다.

하지만 나쁘다고 아무리 욕을 해봤자, 이런 자들은 현실에 존재한다. 존재하므로 주의하는 수밖에 없다. 현금을 남 앞에서 내보이지 않도록 ATM기 앞에서는 등 뒤의 사람에게 주의를 기울이는 수밖에 없다. 길을 걸을 때는 누가 칼을 들고 쫓아오지 않는지 전후좌우를 잘 살피고, 역의 플랫폼에서는 남에게 떠밀려 떨어지지 않도록 조심하고, 강간당하지 않도록 합기도를 배우거나 호신용 스프레이를 항상 휴대하고 다니는 수밖에 없다.

이런 당연한 일을 어째서 아이들에게 가르치지 않는 것인

가. 인생은 착한 것만으로는, 사람을 신뢰하는 것만으로는, 남을 사랑하는 것만으로는, 남을 용서하는 것만으로는 살아갈 수 없지 않은가!

아니, 살아갈 수도 있다. 다만 이 경우에는 예수나 콜베 신부*처럼 엄청난 불이익을 감수해야 한다. 나쁜 녀석의 먹이가 되어도 어쩔 수 없다고 각오해야 한다.

그러나 착하게 살라는 가르침을 맹신하는 자들에게는 이런 각오가 전혀 없다. 나쁜 녀석의 행동을 저지할 무기조차 없는 자신이 옳다고 여기기 때문이다.

정직하면 손해라는 한탄

정직하면 손해라고 한탄하는 사람이 있다. 그게 싫으면 내일부터 정직한 사람이기를 그만두면 된다. 아무 노력도 없이 세상에 한탄만 한들 무슨 소용이 있겠는가. 거기엔 그 어떤 의미도 가치도 없으며, 그저 그 사람의 멍청함과 비열함만이 만천하에 드러날 뿐이다.

---

* 제2차 세계대전 때 아우슈비츠에서 동료를 대신하여 죽음을 자처한 신부.

이 점은 특히 아이들에게도 분명히 가르쳐야 한다. 귀를 깨끗이 닦고 들어주면 좋겠는데, 이 세상에는 나쁜 사람이 득시글거린다.(그중 하나가 당신이라는 점은 나중에 이야기하겠다.) 그러니 이 세상에서 당분간 살아가고자 한다면 논리적으로는 다음의 두 가지 방법을 취할 수밖에 없다.

첫 번째는 아무리 손해를 보거나 생명의 위협을 느끼더라도 자신의 정당함을 관철하는 방법이다. 두 번째는 그런 것은 사양이니, 자신도 나쁜 사람이 되어 사는 방법이다.

오직 입으로만 "이 세상은 잘못됐어"라고 떠드는 사람은 사실 악덕 상술의 대가보다, 보이스피싱 사기꾼보다 도덕적으로 더 나쁘다. 왜냐하면 소매치기나 도둑, 사기꾼은 적어도 자신이 나쁘다는 자각이 있지만 그들에게는 선악에 대한 최소한의 자각조차 없기 때문이다.

그러니 아이를 이 세상에서 살아가도록 키우고 싶다면 착함이나 선의만으로는 이 세상을 살아갈 수 없다는 점을 분명히 가르쳐야 한다. 약하고 착한 좋은 아이를 자빠트리기 위해 호시탐탐 기회를 엿보는 아이도 있다는 점을 가르쳐야만 한다.

하지만 그런 아이 또한 평범한 아이다. 그러니 악마는 모두의 내면에, 따돌림당하는 당사자의 내면에조차 숨어있다는 점을 가르쳐야만 한다.

이런 말을 하면 착한 사람은 기막히게 멍청하고 터무니없이 둔하기에 "남을 믿지 못하는 세상이 되었다"는 둥, "아이에게 남을 믿으면 안 된다고 가르치는 건 괴롭다"는 둥 중얼거린다. 자신이 지금 무슨 말을 하는지 아는 것일까? 만약 그렇다면 자신의 신념대로 자기 자식이 낯선 아저씨에게 유괴당해 살해되어도 불만이 없어야 한다.

우리 아이는 착하고 죄 없는 아이를 유괴한 남자가 나쁘다고 수백 번 떠들어댄들 그게 무슨 의미가 있겠는가. 중요한 것은 그런 남자가 세상에 존재한다는 사실이다. 그러니 태풍이나 지진에 대비하듯 조심하는 수밖에 없지 않겠는가?

스스로 떨쳐 일어나 이런 슬픈 사회를 개혁하려 한다면 얼간간 이해가 된다. 그러나 착한 사람은 아무것도 하지 않는다. 무시무시할 정도로 아무것도 하지 않은 채, 오로지 "이런 사회는 틀려먹었어!"라고 한탄할 뿐이다.

이처럼 아무것도 하지 않으면서 끊임없이 불평만 늘어놓는 데다 판에 박힌 상투적인 말만 내뱉는 것이 착한 사람의 특징이다. 그에 대해 조금도 반성하지 않는 사람, 생각하는 척하면서 실은 아무 생각이 없는 사람, 이 정도로 친절하고 정중하게 설명하는데도 자신의 어디가 나쁜지 전혀 모르는 사람, 이런 사람이 진정한 의미의 착한 사람이다.

이리하여 약자는 방심하면 암세포가 증식하듯 자꾸만 오만해진다. 그러므로 그것을 주의해서 방지해야 한다. 우선 자기 안의 약함을 사랑스럽게 여겨서는 안 된다. 그것을 증오해야만 한다. 그 약함에서 벗어나려 노력해야 한다.

어째서 약자는 내면의 약함을 바꾸려 하지 않는가? 바꾸려 하기는커녕, 어째서 자랑스럽게 여기는 건가? 역시나 약자는 교활하고 태만하게도 어디까지나 안락과 이득을 최우선으로 추구하기 때문이다.

현대사회의
신형 약자

현대 일본에서는 지금까지 논의해온 기존의 약자와는 전혀 다른 타입의 '신형 약자'가 수백만 명 규모로 발생하고 있다. 여기서 그 생태를 살펴보자.

신형 약자는 앞서 다룬 약자의 변종과 무척 비슷하지만 역시 의심할 여지없는 새로운 종이다. 즉, 그들은 약자의 변종의 변종이다.

그들은 '나는 지금까지 받아온 모든 평범한 평가로는 측

정할 수 없는 우수한 인간이다'라는 믿음을 버리지 않고 살아간다. 그러나 이런 강한 믿음과는 반대로 그들은 무척 마음이 약하다.

　다시 말해 그들은 인간관계가 파탄 나기 때문에 어떤 일이든 지속하지 못하는 사람, 세상이 공연히 무서운 사람, 몹시 상처를 잘 입는 사람, 타인을 절대 믿지 못하는 사람, 이런 약한 자신은 살아갈 가치가 없다고 생각하는 사람이다. 한마디로 그들은 대단히 자기 긍정적인 동시에 대단히 자기 부정적이다. 그리고 그들 가운데 일부는 뒤돌아서면(이를테면 인터넷에서는) 온갖 사람을 비방하고 중상모략하는 데 목숨을 건다.

　신형 약자는 고전적 약자에 비해 생명력이 현격하게 떨어질뿐더러, 사회적 성숙도도 몹시 낮은 단계에 머물러 있다. 고전적 약자는 약자 특유의 둔감함이나 오만함에 안주하여 그것으로 어떻게든 자신을 지키는 안전장치를 갖추고 있으나, 신형 약자는 자신이 옳다고는 꿈에도 생각하지 않는다. 이들은 남을 책망하지 않고, 어디까지나 자신을 책망한다.

　게다가 이상하게도 다음과 같이 행동한다. 적지 않은 숫자가 어디까지나 익명으로 인터넷에서 자학적이라고도 할 수 있을 만큼 열렬하게 타인을 공격하는 것이다. 그것도 스트레스를 해소하는 듯한 가벼운 기분으로, 유명인이나 범죄자에게

"멍청이! 죽어버려! 죽인다!" 등의 과격한 발언을 퍼붓는다.

그들의 가치관은 둘로 갈라져 있다.(그러나 실은 하나라는 점을 곧바로 알 수 있다.) 금방 눈에 띄는 점은 그들의 비판 방식이 세상의 가치관과 딱 맞아떨어진다는 것이다.

그들은 학력, 아름다운 외모, 교양 있는 태도, 특수한 능력, 금전적 풍요로움, 지명도 등 현대인이 칭찬하는 요소를 그대로 받아들여, 이 요소가 없는 이들을 "땅딸보, 대머리, 찌질이, 못난이, 변태, 중졸"이라고 무서울 정도로 직설적으로 비하한다. 그러나 그들이 세상의 가치관의 큰 틀을 뛰어넘지 않는다는 점은 "장님, 귀머거리, 절름발이, 깜둥이" 등의 차별어로 욕하는 경우가(거의) 없다는 부분에서도 알 수 있다.

또 그들은 때로 매우 간단하게 세상의 가치관을 뒤엎는다. 2008년에 아키하바라秋葉原에서 행인을 무차별 살상한 K나 2009년에 영국인 여성의 시체를 유기한 혐의로 체포된 I를 기이할 정도로 영웅시하는 풍경이 이를 대변한다.

이는 가치관의 양극화가 아니다. 그들은 세상의 가치관에 얽매여 있다. 그 가치관 속에서 아래쪽에 위치한 자신에게 희망은 없으며, 설령 포기하지 않더라도 현실적인 힘이 없으니 당분간은 성공한 사람을 익명으로 욕함으로써 스트레스를 해소하는 수밖에 없다. 또는 범죄를 저지를 용기조차 없는 자신이 한심하게 여겨져 익명으로 범죄자를 치켜세우고 영웅시한다. 이리하여 우습게도 그저 몸을 숨긴 채 작은 구멍을 통해 사회를 몰래 엿보며 사회의 가치관을 뒤흔든 셈 치는 것이다.

신형 약자는 약자가 끝내 무엇이 되는지 알려준다. 바로 비열함의 결정체다. 게다가 슬프게도 그들은 기존 약자에 비해 훨씬 더 자기반성적이라서, 가능하면 '약하니까 어쩔 수 없다'는 점을 믿고 싶으나 그럴 수 없다는 사실을 뼛속 깊이 알고 있다. 그들은 자신의 약함에서 벗어나고 싶고 자신의 약함을 격렬히 혐오하지만 거기서 탈출할 도리가 없어 외로운 싸움을 벌이고 있다.

일찍이 선량한 약자 중 일부는 인간으로서 평등하게 살 권리를 주장하며 싸웠다. 거기서는 니체의 지적대로 약함을 무기로 삼은 악취가 물씬 풍긴다. 그래도 그들에게는 최소한 허장성세라도 있었다. 하지만 현대판 사회적 약자에게는 그것조차 없다. 그들은 아무런 사회운동도 하지 않는다. 아무것도 적극적으로 주장하지 않는다. 단지 익명으로 온갖 타인을 조소하고 우롱하며 자기 방의 컴퓨터 화면 속에서 순간적인 쾌락에 빠져 있을 뿐이다.

때로 그들은 "나의 어려운 처지를 이해해줬으면 한다"는 요구를 조심스레 사람들의 코끝에 들이밀고는 자기를 이해해주지 않는 모든 타인을 내쳐버린다. 그 결과 방문을 걸어 잠그고, 틀어박혀 자해를 하고, 자살할 거라고 협박을 한다.

그들은 완전히 무력하지는 않다. 이런 음습한 무기가 특유의 힘을 발휘한다는 사실을 은근히 알고 있다. 왜냐하면 그들은 주위 사람들이 당황하면 더더욱 음습한 형태로 복수를 꾀할 수 있기 때문이다.

이러한 신형 약자는 현대 일본에서 별로 배척당하지 않으며 공인되고 있다고 할 수 있다. 그들 주위에는 그들을 잘 이해해주는 어른이 우글거린다. 예전처럼 "나가버려!"라며 집에서 내쫓지 않는다. "의절하자!"(요즘 젊은이들은 이 단어를 알고 있을까?)라고 협박하는 경우도 없다.

왜냐하면 그러한 기색이라도 내보이면 진짜 자살할지도 모르니까. 가출해서 거지가 되어 객사할지도 모르니까. 아니, 여차하면 가족이나 생판 모르는 사람을 칼로 찌를 수도 있고, 집에 불을 질러 일가를 몰살시킬 수도 있으니까.

그리하여 현대 일본에서는 기괴하고 흉포한 응석을 부리는 약자가 급증하고 있으며, 모두 그들의 약함을 무기로 삼은 강함에 벌벌 떨고 있다.

약자가 좋아하는
강자 지배

약자는 자신의 약함을 인정하면 할수록 더욱 더 이대로 좋다고 믿는다. 그러나 이면에는 이대로 좋을 리 없다는 마음이 깔려 있으므로 그 생각이 심화되면 자기 분열이 확대되고, 자신감을 잃어버리며, 살아갈 힘을 잃고, 저항력이 없어져서 결국 더 약해진다.

그러나 이와 동시에 약자는 더욱 더 강해진다. 주위 사람들에게 관용이 없어지고, 사회에 적응한(이른바) 강자를 미워하게 되며, 그들을 끌어내리려고 꾀하게 된다. 그러다 결국에는 누구든 좋으니 죽이려 한다.

이쯤에서 급히 덧붙이자면 나는 결코 이러한 약자 지배를 개탄하며 어떻게든 해보려 애쓰는 게 아니다. 또한 이런 약자를 박멸해서 건전한 사회를 만들자고 주장하는 것도 아니다. 나는 그렇게 단순한 호인이 아니다. 인간을 보는 내 눈은 좀 더 정확하다.

만약 니체가 예언한 약자 지배를 전복하고자 하면 다시 약자에 의해 유지되는, 약자가 원하는 대로의 강자 지배가 실현되고 말 것이다. 지능도 낮고 판단력도 없는 약자도 이해할 수 있는 단순하기 짝이 없는 강자가 위세를 떨치게 되는 것이다.

이 불 보듯 뻔한 사례를 우리는 칠팔십 년 전 독일과 오스트리아에서 보지 않았는가!

히틀러가 이끄는 나치는 수많은 국민에게 머리가 매우 나빠도 이해할 수 있는 단순한 희망과 목적을 제시했다. 당시 히틀러의 아리아인 우수설은 패배 의식에 사로잡혀 있던 독일 청년들을 얼마나 많이 구제했던가? 게다가 그들은 아리아인의 반대편에 악마의 하수인 같은 열등한 인종인 유대인을 둠으로써 사람들이 그 사상을 흔쾌히 받아들일 수 있도록 했다.

얼간이도 멍청이도 바보도 독일인이기만 하면 모두 합격이라니 이렇게 편하고 간단한 일은 없다. 독일인이라는 사실만으로 자신은 자동적으로 몹쓸 인간이 아니게 된다! 이런 자신이라도 위대한 독일 민족을 위해, 유럽 지배를 위해 일할 수 있다! 히틀러는 그야말로 머리가 가장 단순한 사람이라도 찬동할 수 있는 강자 지배를 내세웠다. 자신의 열등감을 완전히 불식시켜줄, 아무 노력을 하지 않아도 자신은 낙오자가 아니라고 믿을 수 있는 먹이만을 건넸다. 그리하여 히틀러는 그런 환상에 빠지고 싶은 약자들의 박수갈채를 받았다.

게다가 히틀러는 이런 단순하기 짝이 없는 사상 이외의 모든 사상을 철저하게 탄압함으로써 건전한 국가를 꿈꾸었다는 사실을 잊어서는 안 된다. 이 점을 잊으면 과거가 반복된다. 대중이 눈을 반짝이며 성난 파도처럼 히틀러를 환영하고 유대인을 온몸으로 혐오하며 고발하는 사회가 만들어지는 것이다.

이제 문제의 어려움이 확연히 드러났다. 약자가 확산되어 그들이 힘을 가진 사회가 만들어지고 있다. 그러나 출구를 열자는 값싼 말을 함부로 할 수는 없다. 그러면 그 끝에는 훨씬 더 무서운 사회가 기다리고 있기 때문이다.

약자는 권력에 민감하다

히틀러는 '대중=약자'의 심리를 속속들이 알고 있었다. 그는 대중의 심리, 즉 그들의 어리석음, 단순함, 변덕스러움을 파악하고 있었기에 권력을 장악할 수 있었다.

> 선전은 모두 대중적이어야 하며, 그 지적 수준은 선전의 대상 중 최하 부류까지 이해할 정도로 조절해야 한다. 그러므로 사로잡아야 할 대중의 수가 많으면 많을수록, 순수한 지적 수준은 더더욱 낮추어야 한다.

(중략) 대중의 수용 능력은 매우 제한되어 있고, 이해력은 낮으나 망각력은 뛰어나다. 그러므로 모든 효과적인 선전은 요점을 크게 제한하여 이를 슬로건처럼 이용하고, 그 말에 의해 마지막 한 사람까지 선전의 목적을 떠올릴 수 있도록 계속해서 실행해야 한다.

아돌프 히틀러, 『나의 투쟁』

일본에서도 마찬가지로 '약자=착한 사람'은 제국이 전쟁에서 이기는 동안은 만면에 미소를 띠며 전승 축하 제등행렬 속에 섞여 출정하는 병사를 진심으로 격려한다. 만세 소리가 울려 퍼지는 가운데 그늘에서 어머니가 손수건을 입가에 대고 운다 해도 전쟁에 협력하고 있다는 점은 변함없다.

징병 검사에 불합격한 젊은이를 매도하지는 않더라도 그를 온몸으로 경멸하거나 딱하게 여기는 한, 적국의 언어인 영어로 말하는 사람과 재즈를 듣는 사람, 스커트를 입는 사람을 의심스러운 눈빛으로 쳐다보는 한, 전쟁을 찬미한다는 점은 변함없다.

그러나 '약자=착한 사람'은 전쟁의 형세가 나빠져서 지옥 같은 고통이 결국 패전이라는 형태로 끝나는 즉시 돌변한다. 한편에서는 "도조 히데키*에게, 육군에게, 정치인에게 속았다!"라고 순진하게 절규하고, 다른 한편에서는 상륙한 점령군에게 "민주주의 만세! 맥아더 만세!"라고 박수갈채를 보내는 것이다.

'약자=착한 사람'은 실로 권력에 민감하다. 왜냐하면 그는 자기 보신만을 바라기에 조리돌림을 당하지 않도록 세심하게 주의를 기울여야 하기 때문이다. 자신은 약하니까 그렇게 행동할 수밖에 없다고 스스로를 세뇌시키며 그때그때의 지배자를 마지못해 따른다. 그때그때의 지배자에게 반대하는 사람들로부터 거리를 유지하고, 되도록 어울리지 않으려 한다.

독일군의 폴란드 침공과 체코 진군 뉴스를 듣고 기쁨에 취해 히틀러가 탄 오픈카를 향해 눈사태처럼 달려드는 수많은 군중, 그리고 청일전쟁과 러일전쟁 승전 소식에 몹시 기쁜 기색으로 제등행렬에 참여하는 군중들의 영상을 보며 새삼스레 깨달은 점이 있다. 선량한 약자가 전쟁을 반대하는 이유는 전쟁이란 질 가능성이 있는 것이기 때문이라는 사실이다. 다시 말해 전쟁이 일어나면 가족이 죽고 자기 몸이 위험해질 가능성, 즉 고통이 커질 가능성이 있기 때문이다.

'약자=착한 사람'은 조국이 이길 동안은 병사들이 아무리

---

* 일본의 군국주의자. 진주만을 기습 공격해 태평양전쟁을 일으켰다.

많은 적을 죽이고 위해를 가해도 환호성으로 그들을 맞이한다. 이 얼마나 공리적이고 비열하며 나쁜 무리들인가!

공인된 피차별자

지금까지의 분석으로 눈치챈 사람도 있겠지만, 장애인, 범죄자, 성적 소수자, 외국인, 피차별 부락 출신자 등 공인된 피차별자는 앞서 살펴본 의미의 약자가 아니다. 오르테가의 말을 빌리자면 대중이 아닌 것이다.

왜냐하면 그들은 공인된 피차별자이므로 사회의 보호색을 띠지 못해 그로부터 튀어버리고, 따라서 매 순간 자신의 사고와 감수성을 날카롭게 다듬어야 하기 때문이다.

그들은 자신이 속한 사회에서 한 걸음 밖으로 나오는 즉시, 그리고 타자와 어울리는 즉시, 전신이 얼얼할 정도로 따가운 시선을 받는다. 특히나 '약자=착한 사람'들은 그들이 자기 신분을 밝히는 즉시 손바닥 뒤집듯 온화한 태도를 바꾸거나 발뺌하려는 자세를 취한다. 그들이야말로 이런 약자들의 비열함을 뼈저리게 알고 있는 존재다.

물론 그들 모두가 훌륭한 사람이라는 뜻은 아니다. 그들 중에는 이런 가혹한 체험을 통해 오히려 마음이 좁아지고 궁핍해지는 사람, 원한에 사무치는 사람, 융통성 없는 편견 덩어리가 되는 사람도 있다.

그러나 어쨌건 그들은 무난한 말을 내뱉으며 그들에게서 황급히 달아나는 '약자=착한 사람'의 교활함과 비열함만은 뼈에 사무치게 잘 알고 있다. 그러한 약함의 폭력을 꿰뚫어보는 정신만은 단련되어 있다. 그들은 결코 '약자=착한 사람'이 될 수 없을뿐더러 되고 싶어 하지도 않는다. 그들은 어떤 관점으로 보든 '약자=착한 사람'이 아니다.

2장

착한 사람은
안전을
추구한다

이 날쌘 원숭이들이 기어오르는 모습을 보라! 그들은 서로 상대의 등을 넘어 기어
오르고, 그리하여 서로를 진흙과 심연 속으로 끌고 들어가 북적댄다.

최고의 가치는
신체 보전

앞 장의 고찰에서 저절로 도출되는 사실인데, 약자인 착한 사람은 오로지 신체 보전 및 평온무사함을 추구한다. 이 점은 아무리 강조해도 지나치지 않으므로 이 장에서 다시 한 번 착한 사람이 추구하는 안전에 대해 해부해보기로 하자.

하지만 그들(착한 사람들)은 오래 살기 위해, 게다가 가련하게 여겨야 할 자기만족 속에 살기 위해 자신의 덕을 지니고 있다.

『차라투스트라는 이렇게 말했다』 제1부, 「창백한 범죄자에 대하여」

착한 사람은 안전이라는 최고의 가치를 지키기 위해서라면 다른 모든 가치를 짓밟아도 된다고 생각한다. 그들에게는 안전이 위협받는 것이 유일한 공포이며, 자신과 주변 사람이 매일 안심하고 지낼 수 있다면 그것으로 족하다고 생각한다.

그런 인생을 바라면서 그들은 더더욱 작아지고 약해진다.

> 그들(민중)은 전보다 작아졌다. 게다가 점점 더 작아지고 있다. 그런데 이는 행복과 덕에 대한 그들의 가르침 때문이다. 말하자면 그들은 덕마저도 순종적이다. 왜냐하면 자기만족을 바라기 때문이다. 하지만 자기만족과 어울리는 것은 오직 순종적인 덕뿐이다.
>
> 『차라투스트라는 이렇게 말했다』 제3부, 「작아지게 만드는 덕에 대하여」

착한 사람이 바라는 것은 작은 행복이므로, 그것을 계속 추구하다 보면 그들은 점점 더 작아진다. 그들의 미덕은 전부 '소극성=부정성'으로 이루어져 있으니 작아지는 것도 당연하다.

즉, 이 책의 첫머리에서 살펴본 대중에 대한 오르테가의 정의와 마찬가지로, 착한 사람은 사회적으로 혜택을 받은 자도 혜택을 받지 못한 자도 아니고, 우수한 자도 열등한 자도 아니며, 권력자도 비권력자도 아니고, 차별자도 피차별자도 아니다. 착한 사람이란 자신은 "약해서 옳다", 또는 적어도 "약해서 나쁘지 않다"라는 등식에 안주하는 자, 즉 강자를 적대시하고 여차하면 약함을 무기로 삼으려는 자다.

왜 착한 사람은 약함에 안주하고 반성하는 법이 없는가?

왜 약함을 철저하게 추궁해서 거기에서 빠져나오려 하지 않는 것인가? 왜 자신의 약한 신체를 단련하려 하지 않고, 자기를 바꾸려는 어떠한 노력도 하지 않은 채 그대로 권력을 인정받으려 하는 것인가?

그들은 안전을 바라면서 스스로는 아무것도 하지 않는다. 그 가혹한 일을 국가가, 정치인이, 관료가, 기업인이, 즉 강자가 해주기를 바란다. 나의 안전을 보장하는 것이 강자의 의무라고 생각한다. 그리고 그 일을 해내지 못하는 강자를 조소하고 욕하고 매도하고 내쫓는다. 어째서 이 정도의 폭력이 용서되는가?

답은 몹시 간단하다. 딱히 아무것도 가지고 있지 않은, 작은 행복으로 만족하는 평범하고 순종적인 자기들이 공동체에서 유일하게 옳은 자라고 교육(세뇌)받기 때문이다.

선량한 약자는 표면적으로는 지극히 온화하다. 남의 면전에 대고 심술을 부리는 경우도 없고, 남이 보는 데서는 억지를 부리지도 않는다. 모두가 편안하게 쉬고 있는 장소의 분위기를 해치지 않으며, 한없이 겸손하고 인내심이 강하다.

그들은 모두가 보고 있는 곳, 칭찬을 받을 듯한 곳에서는 자신의 안전이 위협받지 않는 한 자기를 희생해서라도 남을 구할지도 모른다. 자기가 공복이라도 옆에 있는 배고픈 아이에게 빵 한 조각을 나눠줄지도 모른다. 자기가 추워도 옆에서 추위로 벌벌 떠는 노인에게 담요를 건넬지도 모른다. 그리고 스스로를 도덕적이라고 느끼며 들뜬 기분에 취할지도 모른다.

그러나 이들은 뒤에서 남몰래 움직인다. 자신의 안전을 확보하기 위해 온갖 소문에 귀를 쫑긋 세우고 자신에 관한 모든 평판을 찾아낸다. 그리고 조금이라도 악평이 나오면 그 불씨를 찾아내기 위해 온 힘을 쏟으며 불씨를 퍼트린 장본인을 결코 용서하지 않는다. 이리하여 뒤에서는 끈질기게 그를 저주하며 몰락을 기원한다. 하지만 당사자와 얼굴을 마주하면 언제 그랬냐는 듯 웃는 낯으로 대한다.

앞에서는 아무것도 하지 못하는 주제에, 신변의 위협을 조금이라도 느끼면 예수를 세 번이나 모른다고 부정한 베드로처럼 눈 깜짝할 사이에 달아난다. 도망가는 발걸음은 또 어찌나 빠른지 경악할 정도다. 안전이 확보되지 않을 성싶으면 진리든 정의든 우정이든 사랑이든 쉽게 집어던지고 자신의 생명 보전에만 매달린다.

극한 상황에서는 모두가 그렇게 할 것이다. 그럴 수밖에 없을 것이다. 그런 상황에서는 모두가 자신의 약함을 드러내기 때문이다. 그러나 사람은 여기서 또 두 종류로 나뉜다.

첫 번째는 그런 자신을 격렬하게 책망하는 사람이다. 그런 행동에 큰 문제의식을 느끼고 계속 매달리는 사람이다. 하지만 두 번째는 그에 대해 약간의 괴로움을 느낄지언정 금세 "어쩔 수 없잖아"라고 중얼거리며 단번에 정리해버리는 사람이다. 바로 후자가 착한 사람이라는 이름의 약자다.

다시 한 번 말해두자면 착한 사람은 약하다는 이유로 자신의 모든 행동을 정당화하는 자들, "어쩔 수 없잖아"라고 중얼거리며 자신은 약하니까 모든 것이 용서되리라 믿는 교활하고 비열한 무리들이다.

어디서나 흘러나오는 멍청한 안내 방송

한편 서양의 착한 사람과 비교하면 일본의 착한 사람은 그 유아성이 감당하기 힘든 수준이다. 사람이 모이는 곳이라면 어디든 흘러나오는 안내 방송은 대체 무엇이란 말인가?

설날 신사에서도, 하코네箱根 역 앞에서도, 꽃구경이나 불꽃놀이를 할 때도, 가을 축제에서도 경찰이나 자치 단체, 지역 주민회의 담당자가 마이크를 한 손에 들고 "멈춰 서지 마세요! 서로 밀지 마세요! 좌측통행입니다!"라고 크게 소리친다.

그 굉음 지대를 양 떼 같은 착한 사람들이 온순한 얼굴로 지나간다. 그야말로(뒤에서 다시 말하겠지만) 니체가 말하는 '가축의 무리'다.

나는 이런 안내 방송은 아무짝에도 쓸모없고(서양에서는 아무리 빼곡하게 사람들이 모여 들어도 절대 방송이 나오지 않는다) 무례할 뿐만 아니라 환경까지 해친다고 믿기 때문에 몇 번이나 항의했는지 모른다. 하지만 방송이 멈추는 법은 없다. 일식이 일어나면 춤을 추는 야만인처럼, 이 나라에서는 사람이 모이면 관리 책임자가 황급히 부산을 떨며 춤을 준다.(스피커로 고래고래 소리를 지른다.) 일종의 강박신경증인 모양이다.

신주쿠 서쪽 출구에서 도청으로 향하는 지하도는 혼잡한 시간이 되면 "보행자가 많아졌습니다. 서로 접촉사고가 나지 않도록 주의해주십시오. 보행 시 질서를 지킵시다!"라는 등골이 오싹한 방송이 흘러나온다. "대체 접촉사고가 그렇게 빈번히 일어납니까?"라고 도청에 문의해도 건수를 알려주지 않는다. 그리고 절대로 방송을 중단하지 않겠다고 말한다.

그러나 문제는 이런 융통성 없는 정부가 아니라, 이 굴욕적인 방송이 흘러나오는 가운데서도 태연자약한 얼굴로 걷고 있는 착한 사람들이다!

이 나라의 모든 사람이 슬로건으로 삼고 있는 '안전제일'

처럼 잘못된 건 없다. 이는 인간을 가축의 무리로 만든다. 그리고 위험한 상황을 스스로 인식하고 피하는, 야생동물이라면 당연히 갖추어야 할 능력을 갈아 없애버린다.

현대 일본인은 대체 어찌된 것인가? 그들은 멍한 눈으로 축 늘어져 걸어도, 전후좌우에 아무런 주의를 기울이지 않아도 어떤 재난도 겪지 않는 역과 도로와 길거리와 마을과 관광지를 만들고 싶어 한다.

이리하여 해수욕장에서도, 수영장에서도, 유원지에서도, 역 안에서도, 전철에서도, 버스에서도, 에스컬레이터에서도, 길거리에서도 아주 조금의 위험이라도 있을 수 있으면 전 일본 어디서든 저 멍청한 방송이 흘러나온다.

아무도 이런 신경증적 안전제일주의에 항의하지 않는다. 하지만 이는 얼마나 인간을 몹쓸 존재로 만드는가. 자신의 책임을 회피하고 타인(정부)에게 책임을 떠넘김에 따라 사람들은 점점 더 둔감한 바보가 되어간다.

백만 엔이 든 가방을 전철 안에 두고 내렸다면 그 남자가 잘못한 것이다. 버스를 탔는데 급커브에서 나자빠져 뇌진탕으로 죽었다면 그 노인이 잘못한 것이다. 에스컬레이터에서 놀다가 벨트에 끼여 들어가 큰 상처를 입었다면 그 아이가 잘못한 것이다. 아무 확인도 없이 전화 상대를 아들이라고 믿고 거액을 이체시켰다면 그 어머니가 잘못한 것이다.

'착한 사람=약자'가 지배하는 사회에서는 이런 단순하기 짝이 없는 말이 통하지 않는다. 아니, 통하기는커녕 이런 말을 조금이라도 꺼내는 즉시 엄청난 미움을 받고 "친절과 배려가 없다"며 사회적으로 배척당하니 도무지 견딜 수가 없다.

후기 고령자

착한 사람은 관리받는 것을 몹시 좋아하기 때문에 이런 멍청한 안내 방송이 아무렇지 않다. 거기서 그 어떤 굴욕이나 모욕도 느끼지 않는다. 그렇다고 착한 사람이 둔감한 것은 아니다. 착한 사람은 사회적 강자가 조금이라도 약자의 편을 들지 않는 태도를 보이거나 차별 발언을 접하는 즉시 가만히 있지 않기 때문이다.

얼마 전 '후기 고령자*'라는 단어가 도마 위에 올랐다. 노인을 물건처럼 차갑게 다루는 단어라는 것이다. 이 단어의 어디가 문제인지 도통 모르겠다. 일흔다섯 이상의 노인은 지능도 체력도 떨어진, 의심할 여지없는 약자 아닌가. 대부분이 생

---
* 일흔다섯 살 이상의 고령 노인.

산 활동에 종사하지 않는, 이제는 죽는 날만 기다리는 궁극의 약자 아닌가. 나는 이미 나 자신이 예순 살부터 그렇게 되었다고 생각해왔다.

원래라면(근대 이전의 사회라면) 그들은 아무리 젊은 시절(패전 후 조국 부흥을 위해) 눈에 핏발을 세우고 일했다 하더라도 노후연금 같은 것에 기대어 살 수밖에 없는 사회의 짐이 아닌가? 그런데 이렇게 하자, 저렇게 하자라고 의견을 내는 데 그치지 않고 자기들에게 붙여진 후기 고령자라는 당연한 이름에조차 트집을 잡다니!

후기 고령자는 좀 더 겸허해졌으면 한다. 아무리 성실하게 일해왔고 오랜 세월 연금 저축을 해왔더라도 현재는 아무 일도 하지 않은 채 청장년층에게 노동을 시키며 그 수확으로 그저 살아갈 뿐이라는 점을 자각하기 바란다.

후기 고령자는 정신적으로나 육체적으로나 사회적으로나 의심할 여지없는 약자라는 점을 자각해야 한다. 옛날이라면 벌써 버려졌을 몸이라는 점을 자각해야 한다. 그리하여 '남의 힘으로 살아가고 있다'는 점을 깨닫고 좀 더 겸허해져야 한다.

나는 이걸로
족하다

후기 고령자뿐만이 아니다. 착한 사람은 언제든 자신의 무력함을 내세우려 준비하고 있다. 그들은 인생의 중반에 이르러 때때로 한숨을 내쉬며 자신의 수수한 인생을 돌아본다.

이대로 아무런 발자국도 남기지 못하고 죽는 것일까? 죽으면 눈 깜짝할 사이에 잊히겠지? 태어나서 딱히 특별한 일이 있었나? 아무것도 없지 않았나? 오직 뒤처지지 않기 위해, 사회에서 배척당하지 않기 위해 살아왔을 뿐 아니었나? 그래도 좀 더 나은 삶을 살 수도 있지 않았을까?

특별히 세속적으로 성공하지 않아도 좋다. 단지 나만 할 수 있는 일을 하면서 인생을 보내고 싶었다. 죽을 때까지 그림을 그리고, 소설을 쓰고, 요리 수업이나 불교 수행을 하는 사람이 진심으로 부럽다. 나는 회사를 그만두면 더 이상 할 일이 없으니까. 환갑을 맞이하여 취미로 유화를 그려도, 피아노를 배워도, 요리 교실에 다녀도 재미가 없다.

하지만 금세 "이걸로 족하다"라는 다른 목소리가 들려온다. 나는 수수하지만 주어진 일을 빈틈없이 해내고 있다. 조촐하게나마 가정도 꾸렸고, 당장은 건강에도 문제가 없으며, 무엇이든 털어놓을 수 있는 친구도 있다. 생각해보면 이 이상의 행복은 없는 게 아닌가. 이 행복을 소중히 여기는 것이야말로 나의 의무다.

이런 식으로 컴퓨터에 프로그래밍된 것 같은 모범 해답이 자동으로 튀어나온다. 그렇다고 착한 사람이 생명과 신체 보전과 행복이라는 욕망의 삼종 세트 이외의 모든 욕망을 완전히 포기한 족속은 아니다. 그러나 이 욕망의 삼종 세트가 조금이라도 흔들리면 몹시 당황하며 다른 모든 욕망을 내던져버리고 작은 동물처럼 쏜살같이 자기 굴로 뛰어 돌아온다.

가끔은 "이대로 괜찮은가?"라는 자책에 사로잡히기도 한다. 하지만 그 또한 오래가지 않는다. 착한 사람은 그런 기회를 온몸으로 단단히 붙잡으려 하지 않고, 곧바로 머리를 두드리며 어리석은 환상을 머릿속에서 몰아내려 한다. 그리고 다시 한 번 필사적으로 "이걸로 족하다"라고 자신을 타이른다.

하지만 그는 포기한 게 아니다. 포기한 척할 뿐이다. 언젠가 이런 자신에게도 멋진 일이 일어날지 모른다고 고대하고 있다. 그러나 가엾게도, 실제로 그런 일이 일어나더라도 자신은 여전히 안락과 이득만을 선택하리라는 사실 또한 알고 있다.

그가 깨닫지 못한 점은 인간은 하나하나의 경험에 의해서만 다음 결단을 내릴 수 있다는 사실이다. 아니, 그는 안락과 이득이라는 기준에 따라서만 인생을 살아왔으므로 이제는 다른 식으로 살아갈 수 없다.

착한 사람은 유달리 현명하므로 이 사실을 뼛속 깊이 알고 있다. 그러므로 오다 노부나가織田信長*나 사카모토 료마坂本龍馬**, 또는 사이교西行***나 바쇼芭蕉****를 동경하면서도 결코 자신과 동일시하는 일 없이, 단지 가상의 세계에서만 간신히 날개를 펼칠 뿐이다.

환갑이 지나고부터, 아니 실은 그 이십 년도 전인 마흔의 고개를 넘을 무렵부터 사람은 두 부류로 완전히 나뉜다. 첫 번째 부류는 아무리 사소하거나 세속적으로 인정받지 못하는 일이라 하더라도 자신의 천직을 이미 손에 넣어 그것을 되도록 완전하게 만들기 위해 남은 인생을 거는 사람이다. 그리고 다른 한 부류는 인생을 걸 만한 대상을 가지지 못한 채 "이걸로 족하다"고 중얼거리며 그저 늙어갈 뿐인 사람이다.

여기에는 학력도 교양도 관계없다. 코미디언으로 외길을 가는 사람, 최고의 라멘집을 목표로 삼은 사람은 전자에 속한다. 그러나 고학력, 고수입에 교양도 넘치지만 어떤 의미로도

---

* 전국시대의 무장.
** 에도시대의 무사.
*** 헤이안시대의 승려이자 시인.
**** 에도시대의 하이쿠 시인.

생애를 걸 만한 대상을 갖지 못한 채 노후를 맞이하는 사람도 얼마든지 있다.

그저 늙어갈 뿐인 사람은 점점 더 온화해진다. 건강하게 장수하고 피부도 반들거리며 호주머니에 용돈도 적당히 있다. 이들은 명랑한 척 카페에서 여유를 즐기며 친구와 산과 들을 산책한다. 요즘 내 주변에도 이런 노인들이 눈에 띈다.

나는 그들이 싫다. 이제 남은 것이라고는 죽음뿐인데도, 게다가 죽음이 문턱까지 다가와 있는데도 그 사실조차 진지하게 생각해보려 하지 않고 싱글벙글 웃으며 살아가는 모습이 나의 미학 기준에 몹시 거슬리기 때문이다.

질투와 증오

하지만 아직 늙지 않은 착한 사람은 신변이 위협받지 않는 절대적인 안전지대에서는 약간의 욕망을 충족시킬 기회도 놓치지 않는다.

앞 장에서 살펴본 신형 약자에게는 그런 장소가 바로 인터넷 게시판(특히 2채널)이다. 이곳은 연약한 양의 탈을 벗어던진 자들의 가장 흉포한 본성을 엿볼 수 있는 실로 귀중한 공간이다. 거기서 꿈틀대는 것은 질투와 선망과 증오와 나태와 두려움과 자포자기와 자조다. 그들은 이런 넝마를 몇 겹이나 두른 채 비열한 욕망을 펼쳐 보인다.

이곳은 말의 쓰레기통이자 화장실이다. 자신이 약해서 얻지 못하는 인정과 보상을 아무래도 포기할 수 없어(실은 훨씬 전부터 포기하고 있다) 이런 식으로 배설하는 것이다. 그 악취란 엉겁결에 코를 감싸 쥘 정도로 지독하다.

게다가 그들에게는 질투나 증오를 버리라고 명령할 수도 없다. 세상의 가치 체계에 완전히 물들어 있는 그들에게는 그 일이 불가능하기 때문이다. 그렇다면 적어도 질투와 증오로 폭발할 지경인 자신을 부끄러워하지는 말았으면 좋겠다. 니체는 이렇게 말했다.

> 그대들은 증오와 질투를 모를 정도로 위대하지는 않다. 그렇다면 그것을 부끄러워하지는 않을 정도로 위대해지도록 하라!
>
> 『차라투스트라는 이렇게 말했다』 제1부, 「전쟁과 전사들에 대하여」

인터넷으로 스트레스를 푸는 약자들, 즉 결코 현실에서 당당히 싸우지 않고 그늘에 숨은 채 가상 공간에서 활약하는, 온갖 사람을 익명으로 비웃고 침을 뱉고 매도하는 자들은 틀림없이 그 행위를 부끄러워할 것이다. "부끄럽지 않다"고 말한다 하더라도 자신의 신분을 드러내지 않는 이유는 역시 부끄럽기 때문이다. 그것이 비열한 행위라는 사실을 잘 알고 있기 때문이다. 생년월일과 집 주소, 본적, 학력, 직장 경력이 공개되면 어떤 가혹한 처분을 받을지 알고 있기 때문이다.

안전한 곳에서 온갖 유명인과 범죄 피의자를 익명으로 공격하는 일은 머리가 가장 나쁜 인간이라도 손쉽게 할 수 있다. 게다가 그들 대부분은 그 일을 가벼운 기분으로 한다. 중학생이 반 친구에게(또는 지금 옆에 앉아 있는 소년이나 소녀에게) 가벼운 기분으로 "죽어라!" 혹은 "냄새 나!"라고 문자 메시지를 보내는 것이나 마찬가지다.

그들은 정신이 미성숙해서 가벼운 기분이(가벼운 기분이기 때문에 더욱) 얼마나 타인을 절망에 빠트리는지 모른다. 그들은 상상력이 빈곤해서 어떤 사람이 다른 여러 사람, 그것도 아주 가까운 사람에게 가벼운 기분으로 비웃음을 당하는 일이 얼마나 괴로운지 그 입장이 되어 상상하지 못한다.

왕따 주도자에게 그 행동의 비열함을 가르치려면 똑같이 죽을 만큼 괴로운 경험을 맛보여줄 수밖에 없다는 신념을 실천하는 도리야마 도시코鳥山敏子* 씨가 아니더라도, 이런 무리를

---

* 혁신적인 수업 방식으로 유명한 일본의 교육자.

치료하기 위해서는 결국 피해자와 똑같은 기분을 맛보여줄 수 밖에 없지 않겠는가? 그런데 이 신형 약자는 서로 투쟁하며 지치고 상처 입은 끝에 달아나는 경우가 많다.

타인을 공격해도 좋다. 그러나 그럴 경우는 정정당당하게 이름을 내걸고 공격해야 한다. 왜 그렇게 행동하지 않는가? 그러면 자신이 위험해지기 때문이다. 뭇매를 맞기 때문이다. '착한 사람=약자'는 안전을 추구하므로 그런 행동을 할 리가 없다. 그렇다면 입을 다물어야 한다.

하지만 종합적으로 판단해보건대 이런 신형 약자도 미친 사람은 아닌 것 같으니 익명으로 타인 폄하에 열중하는 행위를 자랑스러워할 리 없다. 틀림없이 부끄러워할 것이다. 그런 미성숙한 정신을 통째로 드러내는 중학생 같은 행위를, 정확하게 말하자면 아주 질 떨어지는 중학생 같은 행위에 대해서는 뼈저리게 부끄러워해야 마땅하다.

그러므로 "그것을 부끄러워하지 않을 정도로 위대해지도록 하라!"라는 니체의 말은 훌륭한 함축 표현이다. 그런 가장 약한 자들을 향해 "그대들은 틀림없이 그것밖에 못 하니까, 좀 더 자신감을 가지고 그 길에 매진하라"라고 진심으로 바란다는 뜻이기 때문이다.

좀 더 대범한 방식으로 타인을 공격하면 좋을 것을, 유감스럽게도 자기들이 질투와 증오의 덩어리라는 사실이 금방 탄로 나는 형태로밖에 표현하지 못한다. 그 정도의 지능과 판단력밖에 없다는 뜻이다. 그리고 다시 한 번 유감스럽게도, 그들이 쓴 글을 보면 자신의 비열함을 부끄러워한다는 사실을 곧바로 알 수 있을 정도로 소박하고 단순하며 선량하다.

그들은 새끼손가락으로 살짝 밀기만 해도 쓰러질 정도로 약하다. 그런 방법으로밖에 질투와 증오를 발산하지 못하는 자신의 옹졸함을 부끄러워하며 온몸을 떨고 있다. 가장 순진한 바보라도 조작할 수 있는 미디어를 통해서만 자신을 표현할 수 있다는 점을 부끄러워하며 온몸이 새빨개져 있다. 실로 동정할 수밖에 없는 연약한 무리다.

저널리즘의 거짓말

여기서 황급히 다음을 추가해야겠다.

대형 저널리즘이야말로 질투와 증오를 누구보다 먼저 퍼트려왔으며, 또한 그 방법을 정성껏 대중에게 가르치고 지도해왔다. 대형 신문사와 출판사는 그야말로 야비한 어조로 권력자나 유명인 매도를 멈추지 않는다. 자신에게 질투와 증오가 없어도 대중 속에서 질투와 증오의 불꽃이 피어오르도록 만든 뒤 그것을 마구 부추기고 북돋우는 것이다.

음험한 저널리스트는 새빨간 거짓말이라는 사실을 알면서도 "선량하다는 점 말고는 아무 짝에도 쓸모없는 약자만이 옳다"라는 거짓말 게임을 계속 진행하며(중단되지 않도록 주의하며) 진실이 밝혀지지 않도록 끊임없이 강렬한 마약을 대중의 몸에 주입한다. 오로지 신문이나 주간지를 더 많이 팔기 위해서며, 텔레비전의 시청률을 더 높이기 위해서다.

엷은 웃음을 띠고 껌을 질겅질겅 씹으며 도쿄 구치소에서 나오는 유명인을 기다리는 카메라맨들. 이 세상의 것이라고는 여겨지지 않을 만큼 천박한 얼굴, 얼굴, 얼굴! 나는 언제나 그들 모두가 취재 후 구치소에 들어가면 좋겠다고 생각한다.

그들은(니체의 말을 빌리자면) 그저 주인님을 섬기는 사냥개다. 그들은 자신의 낮은 신분을 알고 있으므로 그 천박함에 기대어 마음껏 비열한 방식으로 범죄자를 기다릴 수 있다.

물론 진짜 나쁜 사람은 뒤에 숨어있다. 저널리즘의 앞쪽 무대에는 두꺼운 화장을 한 경박한 연예인들이 꺄아 꺄아 환호성을 내지르는 팬(시청자) 앞에서 엉덩이를 흔들며 춤추고 있지만, 그 뒤편에는 이 모든 것을 기획한 저널리즘의 주도층이 있다.

니체는 그들을 독거미 타란툴라 tarantula*라고 부르며 격렬히 증오했는데, 그들의 상세한 생태는 4장에서 다시 다루겠다.

현대 일본은 타란툴라들과 그들에게 선동되어 엉덩이를 끊임없이 흔드는 학자, 평론가, 연예인, 뉴스 앵커, 그들을 따라 자신의 의견을 정하는 '선량한 시민=가축의 무리들', 그리고 그들을 경멸하는 척하면서 곁눈으로 노려보며 욕구불만과 질투에 미쳐가는 '지하생활자들'만으로 이루어져 있다.

모두가 너나없이 눈에 띄고 싶어 하고, 유명해지고 싶어 하고, 한몫 잡고 싶어 하고, 자신을 표현하고 싶어 하고, 이 모든 것을 이룰 수 없다 해도 적어도 자신답게(?) 생활하고 싶어 한다. 그리고 그 결과, 모두가 분간이 안 갈 정도로 같은 말을 하고, 같은 행동을 하고, 같은 인생을 걷게 되었다.

자, 이 쓸모없는 자들을 보라! 그들은 노력해서 부를 손에 넣었지만 그로 인해 더욱 가난해진다. 그들은 권력을 원하고, 무엇보다도 권력의 쇠지렛대인 많은 돈을 원한다. 이 무능한 자들이!

이 날쌘 원숭이들이 기어오르는 모습을 보라! 그들은 서로 상대의 등을 넘어 기어오르고, 그리하여 서로를 진흙과 심연 속

---

* 거미의 일종. 옛날 사람들은 타란툴라에게 물리면 독이 빠질 때까지 춤을 춰야 한다고 믿었다.

으로 끌고 들어가 북적댄다.

그들은 모두 왕좌에 오르려고 한다. 그들은 행복이 왕좌 위에 있다고 믿는데, 이것이야말로 그들의 광기다! 때로는 왕좌 위에 진흙이 있고, 또 때로는 왕좌가 진흙 위에 있는데 말이다.

『차라투스트라는 이렇게 말했다』 제1부, 「새로운 우상에 대하여」

착한 사람은 잘 속는다

착한 사람은 금방 도망친다. 도망치고 또 도망친다. 그러나 비참하게도(혹은 눈물이 날 정도로 우습게도) 그렇게 빠르게 도망치는 착한 사람은 맥없이 남에게 속아 넘어간다. 회사 사장이나 의사, 관료, 대학교수가 악덕 상술에 속아 넘어갔다는 이야기는 별로 들은 적이 없다. 속는 것은 언제나 연금생활자나 수중의 돈을 탕진한 주부 등의 사회적 약자다.

왜 그런가? 사회적 약자는 다름 아닌 착한 사람인데, 그들은 구제할 길 없는 겁쟁이에 경계심도 강한 반면 사회적 인간관계(권력관계)에 대한 훈련이 전혀 되어 있지 않다. 그러므로 그들은 인생에서 의도적으로 남을 속이는 일도 없고, 의도적으로 남을 기만하는 일도 없으며, 의도적으로 남을 배신하는 일도 없다. 아니, 솔직히 말하자면 자신의 안전을 지키기 위해 의도적으로 비열한 짓은 셀 수 없이 해온 주제에, 그저 자기 편할 대로 그렇게 생각하는 것이다. 그들은 작은 행복을 추구하며 인생의 어려운 부분을 피해왔기 때문에 인간의 장대하면서도 악마적인 마음을 보는 안목을 기르지 못했다.

타인이 얼마나 괴로워하든 수수방관할 수는 있지만 타인을 의도적으로 파멸로 몰고 가는 일은 상상조차 할 수 없으므로, 그런 속셈으로 자신에게 접근하는 사람에 대한 사회적 면역이 없다. 게다가 매우 안타깝게도, 이제껏 금전적 성공과는 인연이 없었기에 저절로 굴러 들어온 약간의 횡재수에도 넋이 나가버린다.

즉, 착한 사람은 조금만 교활하고 조금만 이기적이기 때문에 그런 이야기에 금방 속아 넘어가고 만다. 장대한 악덕에는 겁이 나서 시선조차 마주치지 못하면서 좀스럽게 횡재할 듯한 일에는 곧바로 가담한다.

게다가 착한 사람은 속아 넘어간 자신을 쥐구멍에라도 숨고 싶을 정도로 창피하게 여기면서도, 어처구니없게도 자신의 잘못을 강자에게 전가하려 한다. 또한 자신과 같은 피해자가 늘면 늘수록 자신감을 가지고 뻔뻔스럽게 그 일을 떠벌리고 다닌다. 남을 신용하지 못하는 사회, 남을 속이는 사회가 나쁘다고, 또 그런 악덕을 방치하는 사회를 만든 정치인, 관료, 기업인, 학자, 평론가, 저널리스트, 선생님, 즉 강자들이 나쁘다고 말이다.

이리하여 착한 사람은 실은 자신이 얼간이라는 사실을 뼈저리게 자각하고 있으면서도 그 얼간이 짓을 한순간도 반성하지 않는다. 왜냐하면 속은 사람이 속인 사람보다(도덕적으로) 옳기 때문이다. 자신은 확실히 얼간이다. 하지만 적어도 남에게 해를 끼치는 일은 없다. 얼간이인 자신은 어디까지나 옳다.(그러므로 또 다시 속는다.)

법률을, 정당의 공약을, 학자가 쓴 논문을 이해하지 못하는 것은 자신(의 지능)이 나쁘기 때문이 아니라 그것을 쓴 사람(의 배려 없음)이 나쁘기 때문이다. 전 세계의 모든 저자는 이해력과 판단력이 전혀 없는 자신도 이해할 수 있도록 글을 써야 한다. 그렇게 쓸 의무가 있다. 왜냐하면 어떤 지적 노력도 하지 않는 자신에게도 알 권리가 있기 때문이다.

다시 오르테가의 『대중의 반역』을 인용하겠다.

> 요즘의 저자는 자신이 오랜 세월에 걸쳐 연구한 주제에 대해 논문을 쓰려고 펜을 들 때는, 그 문제에 한 번도 관심을 가진

적 없는 평범한 독자가 논문으로부터 무언가를 배우기 위함이 아닌, 실은 정반대로 자신이 가지고 있는 평범한 지식과 일치하지 않을 경우 그 논문을 단죄하기 위해 읽는다는 점을 명심해야 한다.

착한 사람은 끔찍하게도 자신의 무지와 무교양을 자각하고 있으나 결코 자신을 탓하지 않고 끝까지 남을 탓한다. 표면적으로는 "나는 멍청해서"라고 전략적으로 말하지만, 실은 자신의 무지와 무교양을 조금도 부끄러워하지 않는다.

게다가 지식 있는 사람, 교양 있는 사람이 조금이라도 그들의 무지와 무교양을 비판하는 말을 하면, 그 즉시 격분하며 그 사람을 가만 두지 않는다. 그런 폭언을 퍼부은 사람에게 철저하게 자기비판을 요구한다.

그들은 자신의 무지와 무교양을 조금도 바꾸려 하지 않는다. 그러면서 지식 있는 사람, 교양 있는 사람이 자신을 배려하기만을 바란다. 그러니 그들은 언제까지나 무지하고 교양이 없는 상태로 남아있다.

고지식한 정신

선량한 약자는 기회가 주어지면 자신도 악행을 저지를지 모른다는 자기비판적 시각이 완전히 결여되어 있을 정도로 스스로를 관찰하는 눈이 없다.

왜 그들 몸속에는 이런 비판적 안목이 움트지 않는 것인가? 그것은 그들이 되도록 안락하게, 게다가 이득을 보며(손해 없이) 살려고 했기 때문이다. 그들이 범죄는커녕 나쁜 짓조차 전혀 하지 않는 이유는 그것이 '무난하게 산다, 안전하게 산다'라는 대원칙에 위배되기 때문이다.

자신도 여차하면 나쁜 짓을 저지를지 모른다고 상상하지 않는 이유는, 그렇게 생각하는 것만으로도 자신의 안전이 위협받기 때문이다. 그러나 그는 현실 세계에서는 모든 것이 흔들리고 있다는 사실을 막연히 느끼고 있다. 그렇기 때문에 각고의 노력 끝에 그 사실을 외면하는 기술을 익힌 것이다.

사르트르는 이런 인간의 모습을 날카롭게 분석하여 기술했다. 선량한 약자는 실은 인간(자신)이 언제든 악을 선택할 수 있다는 점에서 근원적으로 자유롭다는 점을 알고 있다. 하지만 거기에 몸을 내맡기면 너무도 불안해서 살아갈 수 없다. 따라서 매 순간 이 불안을 없애려고 필사적으로 노력한다.

이를 위해 취하는 방법은 미래의 행동은 이미 대부분 인과적으로 결정되어 있다고 믿는 것이다. 자신에게는 확고한 양심과 두터운 양식良識이 있으니 나쁜 짓 따위 할 리 없지 않은가!

이리하여 그는 자신이 악을 선택할 수 없다고 매 순간 스스로를 세뇌시킨다. 이는 악을 고를 가능성으로부터 '주의를 돌리는 것deparaire'이다. 물론 그는 이 모든 일을 진심으로 믿지는 않는다. 그는 자기기만에 빠졌다. 아니, 더 정확하게 말하면, 스스로를 자기기만에 빠트리고 있다.

사르트르는 이런 인간을 '고지식한 정신esprit de sérieux'이라고 칭했다. 니체가 말한 '착한 사람=가축의 무리'와 거의 비슷한 뜻이다. 그는 근원적 자유로부터 눈을 돌리고 항상 정해진 대로 생활하려 애쓴다. 오늘도 회사에 가는 이유는 회사에 가야 하기 때문이다. 오늘도 일이 헛되게 느껴지지 않는 이유는 자신의 일은 헛될 리 없기 때문이다. 오늘도 집에 돌아가는 이유는 그래야 하기 때문이다.

그는 이 모든 것을 깊이 생각해서 실행하지 않는다. 하지만 당분간 이 생활을 바꿀 필요도 없고, 규칙을 깨면서까지 달리 하고 싶은 일도 없다. 이것만으로도 그에게는 앞으로 수십 년간 이 모든 일을 계속할 충분한 이유가 된다.

왜인가? 그는 남이 선택하는 것을 선택할 뿐이고, 남이 바라는 행복을 손에 넣을 뿐이며, 남이 하기 싫어하는 일을 안 할 뿐이기 때문이다. '남'이란 하이데거의 용어로는 '세인世人, das Man'인데, 이는 모든 사람이자 일반인, 아무도 아닌 사람, 사회의 보호색으로 몸을 감출 수 있는 사람, 그 어떤 일도 일부러 설명할 필요가 없는 사람을 뜻한다.

고지식한 정신이란 스스로에게 '왜 오늘도 회사에 가는가, 왜 오늘도 집에 돌아가는가?'라고 묻기를 멈춘 사람이다. 왜 그는 묻지 않는가? 용기가 없기 때문이다. 물으면 자신이 무너질지도 모르기 때문에, 그러면 사회에서 살아가지 못할 수도 있기 때문에, 어쨌거나 그 방향으로 미끄러지지 않도록 주의를 돌리는 일이 중요한 것이다.

이리하여 고지식한 정신은 온갖 자기기만을 다하며 자신의 욕망을, 소망을, 희망을 보려 하지 않는다. 주의를 돌리는 일에 정력을 쏟아부으며 인생을 살아가려 하는 것이다.

성의 있는 몰락

'약자=착한 사람'의 품행이 언제나 (이른바) 방정한 것은 아니다. 때때로 (이른바) 데카당에 빠지는 착한 사람도 있다. 그런 경우, 실로 의기양양한 얼굴로 나쁜 척하는 것이 착한 사람이다. 그는 자신을 악마의 화신인 양 말하지만 사실은 그저 몹쓸 사람일 뿐이다. 니체가 제기한 몰락Untergang이란 데카당에 빠지는 것도, 범죄자가 되는 것도, 거지처럼 방랑하는 것도 아니다. 술과 여자에 빠져서 신세를 망치는 것도 아니다.

이에 대한 니체의 신랄하기 짝이 없는 말을 들어보자.

발정난 여자의 꿈속에 나타나는 것보다 살인자의 손아귀에 걸려드는 것이 더 낫지 않은가? 자, 이 남자들의 모습을 보라. 그들의 눈은 이렇게 말하고 있다. 자기네들은 이 세상에서 여자와 동침하는 것보다 좋은 일을 알지 못한다고. 그들의 영혼 밑바닥에는 진흙탕이 있다. 그뿐인가. 그들의 진흙탕에 정신마저 있다면 이 얼마나 재앙인가!

『차라투스트라는 이렇게 말했다』 제1부, 「순결에 대하여」

니체는 말한다.

그대는 고작 술을 마시고, 여자를 안고, 경범죄를 저지를 뿐이 아닌가! 행실 바른 인간을 곁눈으로 비웃으며 자신은 진흙투성이가 되었으므로 위대하다고 주장하고 싶을 뿐이 아닌가! 그대는 위대하기는커녕 그저 진흙탕일 뿐이다. 진흙탕에 정신마저 있는 것은 비참한 일이다. 그 정도의 반역을 과장되게 사상으로 감싸지 말았으면 한다. 그 정도의 몰락으로 으스대지 말았으면 한다.

어떤 몰락이든 거기에 성의가 있는지 없는지는 곧바로 구분할 수 있다. 몰락을 향한 행동이나 몰락을 향한 삶의 방식이 그 사회가 용인하는 범위 내에 있으면 그 몰락에는 성의가 없다. 성의 있는 몰락이란 에도시대의 기독교 신자처럼, 제2차 세계대전 전의 공산주의자처럼 신변이 위험해지는 몰락, 주위 사람들에게 커다란 재앙을 초래하는 몰락이다.

그러면 니체가 말하는 진정한 몰락이란 무엇인가?

그것은 이천 년도 더 된 유대교적이고 기독교적인 가치관에서 완전히 자유로워지는 것이다. 현세에서 얌전히 지내면 내세에서 보답 받는다거나, 약하고 선량한 자만이 천국에 갈 수 있다는 등의 옛날이야기를 버리는 것이다. 육체를 경멸하고 힘을 경멸하며 진부한 정신의 덩어리로 인생을 보내기를 그만두는 것이다.

이미 말한 바대로 착한 사람이 나아가는 방향은 정해져 있다. 그것은 자신이 속한 공동체의 기본 사상(현대 일본의 경우 민주주의, 기본적 인권, 평등, 약자 보호, 환경 보호 등)이 가리키는 방향이다. 이 방향만이 위로 올라가는 방향이며, 이에 반대하는 자와 이에 무관심한 자는 아래로 떨어진다.

이리하여 착한 사람은 어느 시대에서든 어떤 사회에서든 사회적으로 옳다고 여겨지는 것 이외의 방향을 인정하지 않는다. 또 그것으로 그치지 않고 옳은 방향으로 나아가지 않는 자를 발견하면 즉시 붙잡아 침을 뱉고, 채찍을 휘두르고, 훈련시키려 든다.

욕망에 사로잡혀 울부짖는 들개

한편 원래 선량한 시민밖에 될 수 없는 그릇을 가진 자가 자신의 능력을 오인해서 위대한 일을 시도했다 좌절하면, 때로 그는 지극히 악질적인 무법자가 되기도 한다.

다시 니체의 비유를 인용하자면, 낙타가 어쩌다 사자가 되면 그 즉시 예전의 사자보다 훨씬 흉포해진다는 이야기다.

그대는 자유로운 산꼭대기에 올라가려 한다. 그대의 영혼은 수많은 별을 갈망한다. 동시에 그대의 사악한 갖가지 충동도 자유를 갈망한다. 그대의 들개들은 자유의 몸이 되고 싶어 한다. 그대의 정신이 모든 감옥을 해방시키려 할 때, 그 들개들은 자신의 굴속에서 욕망에 사로잡혀 울부짖는다.

『차라투스트라는 이렇게 말했다』 제1부, 「산비탈의 나무에 대하여」

권력을 장악할 자격이 없는 소인배가 권력을 잡는 것처럼 무서운 일은 없다. 그들의 노골적인 욕망은 기이할 정도로 커져서 마치 빈민이 곡식 창고를 습격하듯, 평민이 왕후귀족을 차례로 단두대로 보내듯 들개처럼 짖으며 물어뜯는 것이다.

이는 예전에 품었던 고상한 희망을 잃어버린 채 르상티망 ressentiment*에 휩싸여 살아가는 자들도 마찬가지다.

아, 나의 지인 중 고귀한 사람들도 있었으나 그들은 최고의 희망을 잃어버렸다. 그러자 모든 고상한 희망을 중상모략하게 되었고, 이제는 찰나의 쾌락 속에서 뻔뻔스럽게 살면서 오늘 하루 너머의 저편으로 여러 목표를 던지는 일도 거의 하지 않게 되었다. "당연한 일이다. 정신은 쾌락이니까." 그들은 이렇게 말했다. 그때 그들은 정신의 날개가 꺾였다. 이제 그들은 이리저리 기어 다니고 이것저것 갉아먹으며 몸을 더럽힌다. 일찍이

---

* 원한, 복수감

그들은 영웅이 되고자 했으나 이제는 호색한이 되었다. 그들에게 영웅은 원망과 공포의 대상이다.

『차라투스트라는 이렇게 말했다』 제1부, 「산비탈의 나무에 대하여」

이처럼 이리저리 기어 다니고 이것저것 갉아먹으며 몸을 더럽히는 처지로 전락한 자들은 역시 원래부터 영웅이 될 그릇이 아니었다고 보아야 할 것이다. 그들처럼 되지 않으려면 오직 현실에서 힘을 가지는 수밖에 없다. 강자란 강해질 가능성을 가진 사람이 아니라 어디까지나 현실에서 강한 사람이다. 현실에서 힘을 가져야만 그의 가능성도 실제로 증명되는 것이다.

운명애와 우연

몰락과 운명애는 서로 관련이 있다. 니체가 주장하는 운명애amor fati란 특별히 혁신적이거나 기발한 것이 아니다. 또한 운명이기에 모든 것을 감수하려는 소극적인 태도에 기반을 둔 것도 아니다. 운명애의 모든 열쇠는 우리를 덮치는 우연을 받아들이는 태도 속에 있다.

그때, 가장 강한 자로 자신을 증명하는 것은 누구인가? 더할 나위 없이 만족을 아는 자, 온갖 극단적인 신앙의 조항도 필요로 하지 않는 자, 대부분의 우연이나 무의미를 용서할 뿐 아니라 사랑하는 자, 인간에 대해서는 그 가치를 상당히 에누리해서 생각할 줄 알지만, 그로 인해 하찮아지고 약해지지 않는 자다.

다시 말해, 대부분의 불운에도 견딜 수 있을 만큼 성장을 이루어냈고, 그러므로 불운을 그다지 두려워하지 않는 가장 건강한 자, 자신의 권력에 확신을 가지고, 인간이 달성된 힘을 의식적으로 자랑하며 그것을 대표하는 인간.

『권력에의 의지』

대개 우리가 무언가를 우연으로 치부하는 이유는 그것이 자신의 인생 계획을 흔들까 두렵기 때문이다. 그것은 인생을 망치는 악이며, 따라서 그것을 자신의 책임 밖으로 내쫓고 싶기 때문이다. 우연이란 그야말로 사고며, 자신은 거기에 휩쓸린 순수한 피해자다.

이런 사고방식은 자유의지를 인정하는 일과 짝을 이룬다. 내가 자유의지로 행한 일에는 마지못해 책임을 지겠지만, 그것 말고는 절대 어떠한 책임도 지지 않는다. 이처럼 자기 편할 대로 책임을 최소화하는 것은 착한 사람이 무척 좋아하는 일이다.

착한 사람은 특히 우연이나 사고, 재난을 질색한다. 자신 혹은 자기와 가까운 사람이 천재지변이나 인재를 당하면 "왜 하필 내가! 왜 하필 네가!"라며 울부짖는다. 무언가 잘못된 게 아니냐고 말한다. 그리고 오열하며 "어째서 아무 죄도 없는 이 아이에게!"라며 끊임없이 따진다.(누구에게?)

명심하길 바란다. 천재지변이나 인재는 아무 의미 없이 그저 일어나는 것이다. 태양이 악인에게도 내리쬐듯, 만유인력이 착한 사람도 낙하시키듯, 아무리 착한 사람이라도 해일이나 지진으로 죽기도 하고, 차에 치이기도 하며, 길에서 누군가에게 찔리기도 한다. 술 취해 운전하는 사람은 나쁜 놈을 골라서 차로 치지 않으며, 칼을 들고 보행자에게 달려드는 남자는 착한 사람을 피해서 찌르지 않는다.

젊은이가 살해당하면 으레 "살면서 하고 싶은 일이 많았을 텐데!"라거나 "정말 좋은 사람이었는데"라는 탄식이 흘러나오는데 이는 이상한 일이다. 노인이면 살해당해도 좋다는 것인가? 나쁜 사람이면 칼에 찔려도 어쩔 수 없다는 것인가?

니체는 의지를 착각이라고 부정하는 동시에 착한 사람에게 가장 어려운 일, 즉 우연을 꺼리지 말고 두려워하지 말 것을 주장했다. 사태를 자세히 관찰하면 알 수 있듯 자유의지와 우연 사이에 뚜렷한 선을 그을 수는 없다.

나는 순수한 자유의지에 따라 어떤 사람을 매도한 게 아니다. 내가 모든 단어를 매번 완전히 자유롭게 골라서 말했을 리 없다. 그렇다고 그 사람을 면전에 두고 우연히 입에서 자연현상처럼 온갖 욕설이 흘러나왔을 리도 없다. 진실은 둘 모두를 합친 것이다. 물론 그 둘의 비율은 알 수 없지만. 눈을 크게 뜨고 자유의지와 우연의 대립을 배제하고 보면, 아무리 사소한 행위라도 그 진짜 원인은 커다란 수수께끼로 둘러싸여 있다는 점, 다시 말해 그 일은 거의 무한한 원인에 의해 일어났다는 점을 알 수 있다.

이렇듯 운명애란 나를 덮친 일과 내가 일으킨 일 사이의 간극이 몹시 작다는 사실을 깨닫는 것에서 시작한다. 나를 덮친(듯이 보이는) 일이라도 어떤 방식으로든 내가 관련되어 있고, 내가 일으킨(듯이 보이는) 일이라도 그 밖의 무수한 요인과 관련되어 있다.

이뿐만이 아니다. 운명애란 실천의 문제이기도 하다. 즉, 사태의 진짜 원인을 전혀 모를 경우, 위와 같이 인식함과 동시에 내가 한 모든 행동에서 나를 제외한 다른 원인이나 미지의 원인을 늘어놓으며 책임을 회피하지 말고 그 일을 내가 스스로 의지했다고(일으켰다고) 생각하라는 것이다.

이는 실로 강자의 논리이며, 이 논리를 구현하는 사람이 바로 니체가 말하는 초인Übermensch이다. 이 논리는 기묘한 방식으로 기독교의 교리와 겹친다.(예수야말로 모든 사람의 죄를 스스로 짊어지고 십자가 위에서 죽지 않았던가!)

    착한 사람은 자신이 범한 악행조차 책임지지 않으려 하는 비겁자다. 그러므로 그 반대편에 있는 초인은 설령 자신이 의도적으로 어떤 악행도 범하지 않는다 하더라도 책임을 지려고 노력하는 자여야 한다. 니체의 말을 빌리자면 전자가 가축 무리의 도덕이고, 후자가 귀족의 도덕이다.

3장

착한 사람은 거짓말을 한다

이 착한 사람들, 그들은 양보하고 참고 따른다. 그들의 마음은 남을 따라 말하고, 그들의 본심은 순종적이다. 그러나 순종하는 자는 자기 자신의 목소리에는 귀를 기울이지 않는다!

진실은 반감을 사는
경우가 많다

착한 사람은 상냥하다. 자신도 타인에게 상냥하지만 무엇보다 타인도 자신에게 상냥하기를 바란다. 착한 사람이 타인에게 상냥한 이유는 자신도 타인에게 상냥한 대접을 받고 싶기 때문이며, 그래야 자신이 안전해지기 때문이다.

그들의 상냥함이란 누구나 알기 쉬운 형태의 상냥함, 어디까지나 그 사회에서 용인되는 형태의 상냥함이다. 그러므로 노인에게는 자리를 양보하고 장애인을 대할 때는 세심한 주의를 기울이지만, 사회의 규칙에 어긋나거나 상냥함으로 인해 자신의 신변이 위험해질 경우, 이를테면 성추행범에게는 상냥하게 대하지 않으며(그를 감싸지 않으며), 학급에서 미움받는 아이, 따돌림당하는 아이에게도 상냥하게 대하지 않는다.(상냥하게 대하면 자신이 따돌림당할 수 있으니까.)

특히 착한 사람은 강자가 실수를 범해도 상냥하게 대하지 않는다. 하물며 약자를 몰아세우는 사람을 상냥하게 대하기란 가당치도 않은 일이다. 착한 사람은 정치인이나 관료, 대기업 경영자가 아무리 궁지에 몰려도 그들에게 상냥해지지 않는다. 또 피차별자(장애인이나 여성)에게 차별적 발언을 하는 사람이나 차별적 태도를 보이는 사람에게도 결코 상냥하지 않다.

　마찬가지로 자신의 안전을 위해 착한 사람은 남에게 반감을 살 만한 말을 절대 하지 않는다. 그러나 진실이 반감을 사는 경우도 있으므로 착한 사람은 필연적으로 끊임없이 거짓말을 한다.

> 오, 이 착한 사람들! 착한 사람들은 결코 진리를 말하지 않는다. 이런 식으로 선한 것은 일종의 병이다. 이 착한 사람들, 그들은 양보하고 참고 따른다. 그들의 마음은 남을 따라 말하고, 그들의 본심은 순종적이다. 그러나 순종하는 자는 자기 자신의 목소리에는 귀를 기울이지 않는다!
>
> 『차라투스트라는 이렇게 말했다』 제3부, 「낡은 서판과 새로운 서판에 대하여」

　착한 사람은 자신의 본심에는 귀를 기울이지 않는다. 어째서인가? 자신의 본심에 귀를 기울이면, 거기에는 타인을 상처 입히고 자신도 상처받는 불온한 언어가 꿈틀거리고 있으며, 이로써 자신의 평온무사함이 위협받기 때문이다. 자신은 약하므로 본심의 목을 졸라 말살시킬 수밖에 없다. 또한 평온무사하게 살아남기 위해서는 거짓말을 할 수밖에 없다.

착한 사람은 이런 식으로 모든 사람에게 반감을 사지 않으려고 세심하게 주의를 기울인다. 자신은 약하므로 진실을 발설해서 신변의 위협에 노출될 여유가 없다. 자신은 약하므로 스스로를 지키기에도 벅차다. 이런 논리를 높이 쳐들고, 진실을 아무렇지도 않게 걷어차며, 게다가 정색하며 나오는 것이 착한 사람이다.

> 특히 착한 사람이라고 자칭하는 자들이야말로 가장 해로운 파리임을 나는 알게 되었다. 그들은 전혀 악의 없이 쏘아대고, 전혀 악의 없이 거짓말을 한다.
>
> 『차라투스트라는 이렇게 말했다』 제3부, 「귀향」

착한 사람은 이런 논리를 내세우며 매우 당연하다는 듯 권력자에게 바싹 다가간다. 아니, 대다수의 편에 붙어 매우 자연스럽게 한 입으로 두 말을 한다. 그러나 신변의 위협을 느끼면 모르쇠로 일관한다.

착한 사람은 항상 튀지 않고 주위와 같은 색, 즉 보호색을 띄고자 한다. 그리고 "어이, 거기 너!"라고 호출당하는 사태를 철저하게 피하고 귀찮은 일에는 일체 관여하지 않으려 한다.

또한 그에 대해 비판하는 사람을 희귀동물이라도 사냥하듯 전혀 악의 없이 쏘아댄다. 제 딴에는 진지한 얼굴로 "거짓말도 방편이니까"라든가 "이걸로 전부 원만하게 해결되면 아무 문제없잖아?"라는 말을 한다. 그리고 그런 태도를 조금이라도 비판하려 하면 눈을 치뜨며 "이슬만 먹고 살란 말이냐!"라고 고함친다.

> 오늘날 세상은 천민의 것이 아닌가? 그러나 천민은 무엇이 크고 무엇이 작은지, 무엇이 올곧고 정직한지 모른다. 천민은 죄책감 없이 굽어져 있고, 언제나 거짓말을 한다.
>
> 『차라투스트라는 이렇게 말했다』 제4부, 「보다 높은 인간에 대하여」

이처럼 착한 사람은 여기저기에 거짓말을 지껄이는 일에 대해 아무 의문을 품지 않은 채 오히려 그것이 좋은 일이라고 진심으로 확신하는 처치 곤란한 자들이다. 그야말로 그들은 굽어져 있다. 게다가 그들은 진실을 말하는 사람을 격렬하게 비난한다. 그리고 "진실이 그렇게 중요한가!"라고 외친다. 아, 약하고 상냥하고 착한 사람은 얼마나 거짓말을 좋아하는가!

그들은 어째서 거짓말을 해도 조금도 반성하지 않는가!

선의의 거짓말

착한 사람은 특히 선의의 거짓말을 상습적으로 범한다. 상대에게 상처를 주지 않기 위해, 상대를 배려하기 위해(라고 믿으며 실은 자신을 보호하고 있을 뿐이지만) 수많은 거짓말을 한다.

칸트는 모든 거짓말을 비난했는데, 특히 선의의 거짓말만큼 사람을 불쾌하게 만드는 것은 없다고 단언했다. 「인간애로부터 거짓을 말할 수 있다는 잘못 생각된 권리에 관하여Über ein vermeintes Recht aus Menschenliebe zu lügen」라는 짧은 논문에서 그는 친구가 악당에게 쫓겨 나의 집으로 도망쳐왔을 때, 친구를 쫓아온 악당이 "녀석은 어디로 갔나?"라고 물어도 "아까 뒷문으로 빠져나갔다"라고 거짓말해서는 안 된다고 말한다.

이 논문의 타당성은 이백 년 이상 논의되어 왔으며, 많은 학자가 칸트의 비상식적인 문제 제기를 적당히 변경해서 해석한다. 그러나 나는 문자 그대로 해석해야 한다고 본다. 거짓말과 친구의(생명을 포함한) 안전은 완전히 독립된 사안이다. 어떤 이유에서건 거짓말은 거짓말이다.

어째서 칸트가 친구를 돕기 위한 선의의 거짓말을 비판했는가 하면, 그는 목적의 선량함(칸트의 언어로는 '적법적 행위') 때문에 거짓말이라는 악(칸트의 언어로는 '비적법적 행위')이 정당화되어서는 안 된다고 믿었기 때문이다.

이에 대해 이질감을 느끼는 사람에게 묻고 싶다. 그렇다면 친구를 구하기 위해 악당을 죽이는 행동은 정당화되는가? 만약 이를 부정한다면 친구를 구하기 위해 거짓말을 하는 행동도 부정해야 하지 않는가? 친구를 구하기 위해 악당을 죽이는 행동이 정당화되지 않는다면 거짓말을 하는 행동도 정당화되지 않는 것이다. 부자에게서 돈을 훔쳐 가난한 사람에게 나눠주는 이시카와 고에몬石川五右衛門* 같은 윤리관에 찬동하는 사람은 거의 없을 것이다. 이 또한 이유가 어떻든 절도가 정당화되지 않는다는 사실을 알고 있기 때문이다. 이런 경우는 납득하면서 거짓말에 대해서만 한없이 관대해지는 이유는 무엇인가?

친구를 구하기 위해 거짓말을 한 경우, 확실히 당장은(일반적인 의미의) 가해 행위가 없을지도 모른다. 그러나 거짓말을 한 본인의 마음에는 '진실과 반대로 말했다'라는 돌이킬 수 없는 오점이 남는다.

---

* 16세기 일본의 도적 두목. 전설의 대도.

그러면 어떻게 해야 하는가? 칸트는 어떤 경우든 거짓말을 하지 않는 기계적인 사회 부적응자(이건 좀 무섭다!)를 칭찬하는 게 아니다. 칸트는 친구의 생명을 구하는 일과 진실을 말하는 일이라는 두 가지 상반된 의무의 충돌 속에서 어느 쪽을 고르든 자신은 의무를 위반할 수밖에 없고, 그러므로 어느 쪽을 고르든 자신을 격렬하게 나무라야 하며, 그런 태도야말로 옳다고 믿는 것이다.

하지만 착한 사람은 그렇게 생각하지 않는다. 그는 태연하게 거짓말을 한 뒤 빠른 걸음으로 멀어져가는 악당을 바라보며, 숨어있던 장소에서 살그머니 나온 친구와 어깨를 서로 두드리며 자지러지게 웃을 뿐이다.

타인의 호의에 대한 불만

착한 사람은 거리낌 없이 호의를 흩뿌리는데, 사실 이는 자신을 지키기 위해서다. 그들의 호의는 개별적인 상대의 가치관이나 인생관을 연구하여 베푸는 호의가 아닌, 모든 사람의 호감을 얻는 것을 목적으로 한 호의다. 따라서 이는 조잡하고 억지스러우며 모두가 분명히 좋아해줄 것이라는 계산이 깔린 오만 방자한 호의다.

그러므로 이런 호의를 소중히 여기는 착한 사람은 자신의 행위가 무시당하는 것을 참지 못하고, 다른 사람에게도 똑같이 전형적인 행위를 요구하며, 그에 대해 감사하지 않는 사람을 격렬하게 비난한다. 착한 사람의 호의는 이런 여러 겹의 폭력으로 이루어져 있다.

니체는 『인간적인 너무나 인간적인』의 한 부분에 「타인의 호의에 대한 불만」이라는 제목을 붙이고 다음과 같이 말했다.

> 우리는 종종 영문을 모르는 호의와 마주친다. 그러나 그 정체를 알면 바로 불쾌해진다. 그것은 남이 우리를 충분히 진지하게, 충분히 진중하게 보고 있지 않다는 사실을 드러내기 때문이다.

나 또한 타인에게서 받는 영문 모를 호의가 몹시 불쾌하다. 나는 맹목적으로 관습을 따르며 사물을 생각하지 않는 그 태만함이 싫다. 틀에 박힌 인사, 전형적인 예의, 정중한 감사에 완전히 파묻힌 호의는 타인이 나의 개성을 존중하지 않고 오직 관습에 따라 나를 취급한다는 사실을 여실히 드러낼 뿐이다. 연하장을 보내두면, 사과 편지를 보내두면, 새해 선물을 보내두면 자신은 안전한 지대에 머무를 수 있다는 공리적인 정신이 빤히 보이지 않는가!

특히 기업(나와 관련된 곳으로는 출판사, 안경점, 리폼 회사 등)에서 보내는 수많은 연하장(게다가 같은 내용에 내 이름만 다른 종이로 붙인 것)은 그저 올해도 "당신을 이용해서 돈을 벌고 싶다"라는 선언일 뿐이지 않은가! 그림을 산 화가나 화랑 또는 음악 회사나 극장에서 보내는 연하장은 "또 사(와)주세요"라는 요구일 뿐이지 않은가!

나는 걸핏하면 화를 내는 작가라서 가끔 편집자에게 업무가 서투르다고 불만을 표시하면 곧바로 "죄송합니다"라는 정중한 메일이 온다. 게다가 "사죄드리러 가겠습니다"라고도 말한다. 이 모든 건 '성의 있는 태도를 보이면 괜찮다', '화가 풀릴 것이다'라는 공리적인 판단, 다시 말해 화가 풀리지 않으면 일하기 어려워진다는 공리적인 판단 때문이다.

나는 그런 몸에 밴 공리적인 정신이 불쾌하기 때문에 언제나 "올 필요 없습니다"라고 거절한다.

오래 전의 일인데, 나는 근무했던 대학에도 출판사들에도 아버지와 어머니의 부음을 전하지 않았다. 그런데 장례식을 마무리한 뒤 한 출판사의 편집자와 대화를 나누던 도중 "지난주에 어머니가 돌아가셨다"라는 말이 나왔다. 그러자 그는 곧바로 만 엔짜리 지폐가 든 부조금 봉투를 내게 보냈다. 나는 노발대발해서 "요전에 당신네 출판사에서 나온 내 책에서도 이런 거 안 받는다는 내용이 있지 않았습니까!"라고 호통을 치며 즉시 반송시켰다. 나의 말보다 세간의 관습을 중시하는 그 태도가 끔찍이 싫었다.

접대는(일관성 없게도) 때때로 받지만 고급 식당은 무조건 거절한다. 세 명이서 만 엔 이내로 먹을 수 있는 서민적인 가게라면 괜찮다. 그러나 내 신간이 잘 팔리지 않을 때는(당연한 일이지만) 출판 축하 회식도 거절한다. 또 중소 출판사일 경우 접대비가 나오지 않아 전부 편집자가 사비로 부담한다는 사실을 알기에 당연히 내 식비는 내가 낸다.

그나저나 이토록 자상하고 성실하게 대처함에도 불구하고 나는 어느새 업계에서 몹시 특이한 사람이 되어버렸다.(실제로 특이하니 어쩔 수 없는 건가!)

일반론으로 되돌아오자. 착한 사람은 "선의로 해주는 거야"라고 중얼거리면서도 그 호의를 결코 공짜로 베풀지 않는다. 상대에게 자기가 바라는 만큼의 보상을 요구하는 것이다. 그러므로 내게는 그 표면적인 감사의 언어, 황송해하는 말씨, 성의 있는 태도가 더더욱 불결하게 느껴진다.

속내가 뻔히 보이는
아첨하는 문장

착한 사람의 생태를 파악하기 위해 착한 사람과 문장의 관계를 논해보자. 착한 사람이 쓰는 어떤 문장은 나를 매우 불쾌하게 만든다. 최근 내가 겪은 사례를 몇 가지 소개해보겠다.

첫 번째는 대학입시 문제로 출제되었던 내 글의 일부를 어느 문제집에 다시 싣는 2차저작권 사용에 관한 사례다. 매번 이 사용을 승낙해달라고 의뢰가 오면 그때마다 승낙하긴 하는데, 나는 이 경우에도 정형화되고 인습화된 말을 끔찍이 싫어한다.

아무리 지금까지 줄곧 승낙해왔다 해도 결국 내가 승낙하는 것이 조건 아닌가? 그러나 상대가 점점 승낙을 당연시하는 태도를 보이면 반항하고 싶어진다.

작년 봄, 업계에서 유명한 수험 문제 출판사(K사)와 나 사이에서 마찰이 발생했다. 나는 그 무렵 대학을 그만두고 지금까지의 인생을 되돌아보는 중이었다. 앞으로의 인생에 대한 전망도 불안한 데다 피나는 노력으로 철학을 하지 않는 자신에게 혐오감을 느끼고 있었다. 아니, 실은 언제나 느끼고 있긴 하지만 그때는 특히 그 감정이 강해져 있었다.

대학도 그만두었고 그 김에 모든 학회와 연을 끊었다. 남은 것은 정말로 죽음뿐이었다. 진지하게 인생을 정리하지 않으면 안 되었으며, 또 내가 정말로 사색했던 주제는 아직 책으로 쓰지도 못했다. 아니, 실은 사색조차 거의 하지 않았다. 스무 살 무렵, 철학을 하지 않으면 죽어버린다고 절규했던 그 마음은 어디로 가버린 것인가? 대체 이대로 인생이 끝나도 좋은 것인가?

이런 생각에 휩싸여 모든 것이 싫어졌을 때, K사가 입시 문제로 출제된 나의 문장을 자사에서 발행하는 문제집에 다시 싣고 싶다고 의뢰해왔다. 나는 앞서 말한 심리 상태였으므로 그 의뢰를 당분간 방치해두고 있었다. 생각해보면 내게 승낙할 의무는 없으니까.

하지만 K사는 팩스로라도 좋으니 빨리 승낙해줬으면 좋겠다고 요구했다. 나는 그 정중한 문장 이면에 숨겨진 고압적이고 인습적이며 실리적인 요구에 분개하며 "이번에는 거절하겠습니다"라고 답신했다.

그러자 담당자 대신 책임자(K 씨)가 나오더니 "시험에 출제된 글이 실리지 않을 경우 그 영향은 상상 이상입니다. 수많은 수험생이 문의할 것이 분명합니다"라는 것이다.

순간적으로 혐오감이 온몸을 훑고 지나갔다. 그건 거짓말이지 않은가? 단순한 상업적 변명이 아닌가? 그렇게 확신하고 K 씨에게 다음과 같은 답신 메일을 보냈다.

> 이번 일은 제 신념과 맞닿아 있기에 신중히 대답해야 합니다. (중략) 귀사뿐만 아니라 제 문장을 젊은이가 풀이하는 것은 어쩐지 마음이 내키지 않아졌습니다. 그러나 아마도(사실이 아니라면 죄송합니다만) 그쪽으로서는 구구절절한 변명은 됐으니 어쨌든 승낙하는 회신을 받고 싶다는 게 본심이겠지요. 그런 태도가 훤히 보일 때 저는 절대로 물러나서는 안 된다고 느낍니다. 그리고 이런 제멋대로인 성격을 재료 삼아 앞으로 조금은 더 글을 쓸 수 있을 것 같습니다. 그러니 적어도 올해는 허락하지 않겠습니다.

다행히 K 씨는 알겠다며 납득해주었다. 하지만 이걸로 끝난 게 아니라 세간과의 엇갈림은 계속되었다. 나는 나중에 '너무 제멋대로였나' 하는 생각이 들어, 한 발 양보하여 내년부터는 승낙하겠다는 편지를 보내면서 다음과 같은 변명의 말을 덧붙였다.

> 저도 정말로 이제 곧 죽을 것이라 초조해졌나 봅니다. 죽음을

해결하기 위해 철학에 몰두했는데 어떠한 성과도 내지 못하고 이대로 죽을지도 모른다……. 그런 공포가 매일 목덜미를 움켜쥡니다.

그러자 K 씨가 곧바로 "이제 곧이라니, 어떤 근거가 있습니까?"라고 묻기에 아연실색했다. 진심으로 어이가 없어서 다음과 같은 메일을 썼다.

당신의 메일에 오랜만에 웃었습니다. 그리고 울고 싶어졌습니다. 제가 '이제 곧 죽는다'는 생각을 여섯 살 무렵부터 해왔다는 점은 여러 졸저를 통해 반복해서 말하지 않았습니까! 그런데도(아마 이미 알고 계신데도) 막상 제가 구체적인 행위를 취하자 말기 암 같은 근거를 대지 않으면 납득하지 못하겠다는 거로군요. 웃음이 나는 동시에 슬퍼지기도 합니다. 근거는 모든 인간은 내일 죽을 수도 있고, 또 태어나서 기껏해야 백 년 안에 죽는다는 점입니다.

뭐, K 씨에게 딱히 잘못은 없지만.

바보스러울 정도로
정중한 문장

　이번 예시도 문제집에 관한 것이다. 나는 게재를 승낙한 뒤 편집자로부터 다음과 같은 매우 정중한 엽서를 받았는데, 이 점은 짚고 넘어가야겠다는 생각이 들어서 그녀의 품을 겨냥해 수류탄을 던졌다. 다음에서 두 통의 엽서를 연달아 소개하겠다. 물론 상대의 엽서는 회사의 형식적인 문서이므로 게재해도 괜찮을 것이다.(라고 멋대로 해석한다.)

　만추의 계절, 삼가 아룁니다.
　나카지마 선생님께서 <u>나날이 건승하심을 경하드립니다. 이번에 저희 회사 교재에 작품 게재를 허락해주신 각별한 배려에 진심으로 감사드립니다.</u> 원래 삼가 만나 뵙고 부탁드리는 것이 도리입니다만, 무례하게도 서면으로 부탁드려 정말로 실례가 많았습니다. 그럼에도 불구하고 흔쾌히 승낙해주셔서 마음속 깊이 감사드립니다.
　송부해주신 승낙서는 확실히 배수하였습니다. 진심으로 감사드리며, 앞으로도 모쪼록 잘 부탁드립니다.

　　　　　　　　　　　　　　　　　　　　○○○ 올림

요전에 받은 엽서의 내용이 몹시 불쾌하였기에 설명해드리고자 편지를 씁니다. 엽서를 동봉합니다만, 밑줄 친 부분은 쓸 필요 없는 단순한 인사치레 아닙니까? 제 책을 얼마나 읽으셨는지는 모르겠으나 제가 비판하는 것 중 하나가 일본을 뒤덮고 있는 이런 의례적인 언어입니다. 이런 표현은 정중해 보여도 실은 상대를 가장 경시한다고 생각합니다. 이미 정해져 있는 내용의 첫머리에 '나카지마 선생님'을 끼워 넣으면 되는 것이니까요.

당신은 과연 이 내용을 정성껏 읽어보셨습니까? 그것조차 의문입니다. "원래 삼가 만나 뵙고 부탁드리는 것이 도리입니다만"이라고 쓰여 있으니, 정말로 그렇게 생각하신다면 꼭 저를 만나러 와주십시오. 만약 오시지 않는다면 이는 단순한 단어의 나열일 뿐, 당신에게 그럴 생각은 전혀 없다고 인정하십시오. 이에 대해 전혀 자책감이 들지 않는지 묻고 싶습니다.

후일담이다. 그로부터 얼마 뒤 그녀에게서 "생각이 거기까지 미치지 못해서……"라는 정중한 사과를 들었다. 나는 "이제부터 저에게만은 회사의 형식적인 문서를 쓰지 말아주십시오"라고 부탁하고 앞으로도 내 문장의 게재를 승낙할 것을 약속했다. 그런데 이렇게 일의 경과를 살펴보면 그녀가 겸손하고 나는 몹시 거만해 보이니 이상한 일이다.(이상하지 않은가?)

그건 그렇다 치고 원고를 의뢰하는 편지도 대개 지나치게 정중해서 불쾌하다. 대부분 쓰레기 같은 원고라는 사실을 알면서도(?) 고배高配라는 둥 옥고玉稿라는 둥 등줄기가 오싹해지는 말을 편지에 온통 박아 넣고도 자기혐오를 느끼지 않는 건가? 특히 이따금 의뢰를 거절할 때 "선생님의 원고가 없으면 이번 기획이 성립되지 않습니다"라는 답신 따위가 오면, "그럼 어떤 사람의 원고라면 없어도 성립됩니까?"라고 묻고 싶어진다.

확실히 "거절합니다"라는 편지를 보냈을 때 다음 날 곧바로 "알겠습니다"라는 답신을 받으면 대다수의 작가들은 상처받겠지만(나는 안 받는다)…….

무례한 태도로 돌변하기

반면 나와의 관계가 깊어지면 허례허식을 싫어하는 나에게 바짝 달라붙어 이번에는 무턱대고 나를 비판적, 아니 공격적으로 대하는 사람도 있다. 이 또한 평소에 억압되어 있다가 머리 위의 무거운 돌이 없어지는 순간, 깜짝 놀랄 정도로 거만해지는 '착한 사람=약자'의 천박함이다.

이런 구체적인 예는 셀 수 없이 보아왔다. 내가 의례적인 말을 몹시 싫어한다고 해서 난폭하기 짝이 없는 말을 좋아하리라 생각하는 것인가? 나를 매도하고 비웃는 태도를 취하면 내가 기뻐하리라 여기는 것인가?

내가 운영하는 철학 학원을 다니는 젊은이라면 그나마 용서할 수 있다. 하지만 마흔이 넘은 어엿한 어른이, 게다가 경험 많은 편집자나 기자가 이런 단세포 생물 같은 태도를 취하니 그저 기가 막힐 따름이다.

십 년 전의 일이다. 그때까지 나의 열렬한 팬이었던 대형 출판사의 여성 편집자(M 씨)가 나의 신간을 읽은 뒤 "이런 건 돈을 내고 읽을 가치가 없다"라는 팩스를 보내왔다.

그리고 "전부 어딘가에서 들어본 듯한 문장뿐이네요. 이건 못 쓰겠어요"라는 등의 내용이 장황하게 이어져 있었다. 내게 좋은 글을 쓰게 하려는 그녀의 열의가 그녀에게 진실을 말할 용기를 주었을 것이다.

그런 건 알고 있다. 또한 M 씨의 말이 옳다는 사실도 알고 있다. 그래도 나는 분개했다. 그녀의 말 이면에서 나는 그녀의 본심을, 작가를 이용해서 대단한 일을 하고 싶다는 솔직한 욕망을, 뒤집어 말하자면 형편없는 원고를 받으면 자신(의 입장)

이 위험해진다는 보신적인 생각을 느꼈기 때문이다.

그래서 나는 "그렇게 몹쓸 작가라고 생각하신다면 저의 담당을 그만두면 되지 않습니까?"라는 답장을 보낸 뒤 M 씨와의 관계를 일방적으로 끊어버렸다.

나중에 그럴 작정이 아니었다는 둥, 좋은 글을 쓰게 만들고 싶은 마음뿐이었다는 둥 구구절절한 변명이 담긴 팩스를 받았지만 나는 개의치 않았다.

사례 하나 더. 이번에는 교토에 위치한 중견 출판사의 편집자(T 씨)인데, 그는 내가 대형 출판사와 일을 하는 것이 불만이었던지, 대형 출판사에서 책이 나올 때마다 원한에 가까운 심정을 적어 보내왔다. 나는 그에게 항상 나의 신간을 증정했으나 그 감사의 답신에 해당하는 팩스에는(당시의 연락 수단은 주로 팩스였다) 반드시 "나카지마 씨의 의도는 좀처럼 독자의 공감을 불러일으키지 못한다"는 둥, "설득력이 부족하다"는 둥 얼마간의 비판적인 문장이 곁들여져 있었다.

내가 "그렇군요"라며 굳이 반박하지 않으면 비판적인 문장은 차츰 가속도가 붙어 과격해졌다. "이건 정말 아니라고 생각합니다. 이런 걸 쓰면 독자가 점점 달아나 결국 아무도 읽지 않을 거예요"라는 식의 친절한 충고로 변해가는 것이다.

그리고 차츰 깜짝 놀랄 정도로 천박한 빈정거림이 섞인

다. 이를테면 "나카지마 씨가 죽으면 전국의 서점에서 눈 깜짝할 새에 나카지마 씨의 책이 없어지겠지요"라고 예고했는데, 그것은 내게 더 바랄 나위 없는 일이다. 그러자 그는 이렇게 말했다. "무얼 읽든 겉치레뿐입니다. 철학을 한다는 느낌이 안 듭니다. 처음에는 재미있는 부분에 포스트잇을 붙였는데, 다시 읽을 때는 볼 만한 데가 없어서 전부 떼어버렸습니다."

이 무렵부터 나는 T 씨를 경계하기 시작했다. 그 이면에 숨겨진 진짜 르상티망을 느꼈기에, 그것을 증폭시키면(T 씨 자신에게도) 위험하다고 생각했던 것이다. 그것은 T 씨의 마음에 자리를 잡은 악령이니 정벌하는 수밖에 없다.

그 기회는 머지않아 찾아왔다. 내가 철학 학원을 개설했다고 연락하자, 그는 "철학의 저변을 넓히려는 시도에 대해서는 기쁘게 생각합니다"라는 둥, "나카지마 씨에게는 철학 낙오자를 구제하는 재능이 있군요"라는 둥 잠꼬대 같은 소리만 늘어놓았다. '에라, 이 순진한 바보야' 하고 다음과 같은 메일을 보냈다.

당신은 자신이 엘리트가 아닌데도 도쿄대나 교토대 출신의 엘리트 학자와 교류하며 엘리트를 조종한다고 믿으며 자기만족을 얻고 있을 뿐입니다. 그 밑바탕에는 엘리트(일류)에 대한 원한이 있는 것 같군요. 저는 철학 학원을 "저변을 넓히기 위해" 혹은 "낙오자를 구제하기 위해" 개설한 것이 아닙니다. 일본 최고의 철학을 하는 장소로 만들기 위해 개설했습니다. 만약 제가 "당신은 이와나미나 고단샤*에서는 책을 못 내는 낙오자를 구제하고 있군요"라든가 "귀사가 출판계의 저변을 확대하려는 노력에 대해서 기쁘게 생각합니다"라고 말한다면 기분이 어떻습니까?

예상대로 T 씨에게서 답신은 없었으며, (다행스럽게도) 그것으로 그와의 관계는 끊어졌다.

내가 쓴 책은 그다지 잘 팔리지도 않고 서평도 안 나오며 평가도 못 받는데도 작가에 대한 편집자 특유의 열등감에서 비롯된 지배욕을 드러내거나, 출판이 장사라는 점을 전면에 내세우는 편집자를 만날 때가 있다. 앞서 살펴보았듯 나는 그런 편집자와는 반드시 부딪힌다.

나는 내가 쓰는 글이 좋아서 읽는다는 편집자, 그리고 결과적으로 책이 잘 팔리거나 화젯거리가 되면 기쁘겠다는, 마음이 깨끗한 편집자와만 오래 교류할 수 있다.

다시 말해 나는(아무래도 패배를 인정하기 싫어서 하는 말처럼 들리

---

* 둘 다 일본의 대형 출판사.

겠지만) 진심으로 내 책이 잘 안 팔리거나 평판이 나빠도 괜찮다. 하지만 나도 나름대로 좋은 글을 쓰고 싶다고 생각한다. 그뿐이다. 대부분의 편집자에게는 장인정신과 상인정신이 섞여 있는데, 이 단어를 활용하자면 나는 상인정신이 절반을 넘어서는 편집자와는 잘 지내지 못한다.

편집자의 비열함과 천박함

말이 나온 김에 경험담을 하나 더 털어놓겠다. 내가 신출내기 무렵 교류했던 몇몇 편집자들의 태도를 떠올리면 지금도 화가 치밀어 오른다.

나의(일반서 중) 첫 책은 주오코론샤(현재의 주오코론신샤)에서 나온 『빈 애증』인데, 이 책의 담당자 H 씨의 태도는 처음부터 끝까지 일관적으로 "당신의 책을 주코신쇼*에서 내주는 거다. 감사하게 여겨라"라고 말하는 듯했다.

당시는 내가 교바시京橋에 있었던 주오코론샤 본사로 찾아갔는데, "늦어서 죄송합니다"라는 나의 존댓말에 H 씨는 "아,

---

* 일본의 대형 출판사인 주오코론신샤의 유서 깊은 신서판 시리즈

괜찮아"라는 식으로 스스럼없이 대꾸했다.

지금도 선명히 기억한다. 1989년 1월 나는 쇼와 천황의 관이 궁을 빠져나가는 광경을 텔레비전으로 보면서 워드프로세서로 열심히 마지막 원고를 인쇄하고 있었다. 그로부터 한 달 정도 지난 뒤 교정쇄가 나왔을 때, H 씨는 그것을 훌훌 넘기면서 "이거, 시간을 충분히 들여서 마음껏 고쳐도 돼. 언제 나올지 안 정해졌으니까"라고 눈을 내리뜨며 말했다. 다시 말해 이 책은 출간 예정 책들 중 문제가 생겼을 때, 그 빈자리를 급히 메우는 책이라는 뜻이었다.

두 달 뒤, H 씨의 말대로 상당 부분 수정해서 들고 갔더니, "꽤나 고쳤네요. 원고는 고치면 고칠수록 나빠지는 경우도 있는데"라고 비아냥거렸다.

그런 식의 교류가 이어진 끝에 예기치 않게 빨리(?) 이듬해(1990년) 1월에 책이 나오게 되었다. 그때도 H 씨가 그린 지도의 한 부분이 알아보기 힘들다고 항의했더니, "그래서 못마땅하다는 건가?"라는 어조로 나를 몰아세웠다. 내 안에 점점 불만이 쌓일 수밖에 없었다.

또 막상 책이 출간되자 "기쁘지 않아요?"라고 몇 번이나 확인했다. 나 같은 신출내기에게 천하의 주코신쇼를 쓰게 해주었다는 불손한 태도는 점점 심해졌다. H 씨는 나보다 다섯 살 정도 많은 모양이었으나 그래도 그때 나는 이미 마흔세 살이었다.

얼마 후 2쇄를 찍게 되자 전화로 그 소식을 알리며 "세상에는 불가사의한 일이 참 많네. 증쇄예요"라고 말했다. 확실히 H 씨는 어느 작가에게나 경칭을 붙이지 않았으며 말투에는 독특한 빈정거림이 배어 있었다. "I는 바보니까 내버려 둬"라든가 "2쇄 찍는다고 했더니 M의 아내가 꺅꺅거리며 기뻐하더라"라는 식으로. 나는 그 말을 들으며 천박하다고 생각했다.

이런 사람과는 언젠가 갈라서게 된다. 3쇄를 찍을 때는 H 씨가 내 편지를 자세히 읽지 않은 탓에 내가 지적한 부분이 정정되지 않았다. 그 사실을 전화로 알리자 매우 불쾌한 어조로 "당신은 내가 틀렸다고 말하고 싶은 건가?"라기에 "네, 그렇게 생각하지 않을 수 없군요"라고 확실히 대답한 후,(어떤 이야기의 흐름이었는지 잊어버렸지만) "니시오 선생님*은 요즘 몸 상태가 안 좋으십니다"라는 말을 꺼내자 "너 말이야(이때 '당신'은 '너'로 바뀌었다), 너한테 듣지 않아도 니시오 씨 일은 이미 잘 알고 있어"라는 대답이 돌아왔다. 나는 전화를 끊은 뒤 아무래도 개운치 않아서 이제 주오코론샤와는 관계를 끊어도 좋다고 생각하며 H 씨에게 다음과 같은 편지를 썼다.(기억에 따라 재현했다.)

---

* 독문학자이자 사상가, 평론가인 니시오 간지를 일컬음.

요전에는 몹시 불쾌했습니다. 확실히 H 씨는 우수한 베테랑 편집자고 저는 신출내기 작가입니다. 하지만 우리 모두 언어에 목숨을 거는 인간일 테지요. H 씨는 제 책의 정정 실수를 인정하지 않았습니다. 또 니시오 선생님 건에 대해서는 "너 같은 송사리에게 듣지 않아도 유명 인사인 니시오 선생 일은 이미 예전에 들었다고. 네가 니시오 씨와 특별한 관계라고 착각하지 마!"라는 듯한 태도를 보였습니다. 이는 작가에게 몹시 실례되는 말투 아닙니까? 제 오해일지도 모르지만, H 씨를 존경한다는 점에는 변함이 없습니다. 답신해주시면 감사하겠습니다.

    H 씨에게서 답장은 없었다. 그 후 주오코론샤와의 관계도 파탄 나지 않았다. 생각건대 많은 신출내기 작가가 이런 사례와는 비교도 되지 않을 정도로 편집자에게 괴롭힘을 당할 것이다. 나는 그 뒤로 이런 나에게조차 납죽 엎드리는 편집자를 많이 보게 되었고, 그리하여 편집자 속에 엿보이는 차별의식을 혐오하게 되었다. 앞서 등장한 비유를 활용하자면, 대작가에게 벌렁 드러눕는 개가 되는 편집자일수록 신출내기 작가에게 벌렁 드러눕는 개가 되기를 요구한다. 이는 매우 비열한 짓이다.

성실하라는 가르침

어느 틈엔가 니체로부터 꽤나 멀어졌으니 이쯤에서 궤도를 원래대로 돌려놓자.

한편 실로 놀랍게도 '약자=착한 사람'은 온몸으로 성실을 추구한다.

> 모든 가축 무리의 내부, 즉 같은 부류 사이에서 성실성이 과분한 평가를 받는 데는 그만한 이유가 있다. 남에게 속아서는 안 된다. 따라서 나도 남을 인격적·도덕적으로는 속이지 않는다. 이것이 같은 부류 사이에서 지켜야 할 상호 의무다. 외부를 향해서는 기만 당하지 않도록 주의하라고 요구하는데, 이를 위한 심리학적 선결조건으로 내부에서도 이 요구가 일어난다. 이것이 성실성의 원천적인 불신이다.
>
> 『권력에의 의지』

아시겠는가? 착한 사람이 요구하는 성실성이란 약한 자기네 동료들 안에서만 통용되는 성실성, 약자의 특권을 믿는 사람에게만 통하는 성실성이다. 그러므로 착한 사람은 이 약자의 원칙을 깨는 자들에게는 성실성을 내던져버린다.

그리고 그런 자들을 믿지 않도록, 그들에게 속지 않도록, 사기당하지 않도록 온몸으로 경계한다. 그뿐만이 아니다. 모든 동료에게 온몸으로 경계하라고 귓속말을 한다. 즉, 착한 사람의 성실성이란 강자의 느긋한 성실성과는 달리 눈알을 이리저리 굴리며 끊임없이 불안에 떠는 성실성인 것이다.

더욱 깊이 파헤쳐보면 그 성실성은 용기가 없는 성실성이자 사려가 부족한 성실성이라는 점을 알 수 있다. 착한 사람은 타인을 되도록 성실하게 대하고자 한다. 매우 자연스럽게 곤란에 처한 사람을 도와주고자 한다. 정의롭지 못한 일에 매우 자연스럽게 분개하고, 증언대에서는 매우 자연스럽게 진실을 말하고자 한다. 그러나 착한 사람은 칸트가 뚜렷이 제시했듯 성실성과 행복이 양립하지 않는다는 사실을 모른다. 그들은 행복을 최고로 꼽는 인종이므로 자타의 행복이 일치할 때만 성실성을 바란다. 이 말인즉슨 그들은 자타의 행복과 성실함이 일치할 것 같은 토양에서만 성실하다는 뜻이다.

그것은 어떤 토양인가? 약하면서 옳은, 즉 약해서 옳은 사람들이 똑같이 생각하고 똑같이 느끼는 토양, 같은 종류의 사람들로만 이루어진 토양이다. 이리하여 퍼석퍼석한 인공비료를 충분히 뿌린 토양에서 그들은 그저 자기기만의 도로를 힘

차게 달린다.

그들은 사회의 규칙과 관습, 예의를 위반하지 않는 선에서 성실하려고 한다. 다시 말해 그들의 성실함은 언제나 사회의 주어진 규칙과 관습, 예의의 틀 안에 있다. 그들의 성실함은 틀 밖을 엿보는 것조차 두려워하며 밖으로 나오는 자를 격렬하게 단죄하고 박해하고 죽이는 성실함, 즉 원래 의미의 성실함과는 아주 거리가 멀다.

> '성실이란 무엇인가'라는 문제에 대해, 아마 아직 몇 명도 충분히 성실한 적이 없을 것이다.
>
> 『선악의 저편』

게다가 니체는 기독교의 성실하라는 가르침이야말로 기독교의 붕괴와 연결되었다고 말한다.

> 그러나 도덕을 기른 여러 힘 중에는 성실성이 있었다. 이것이 결국에는 도덕에 반항하고, 그 목적론을, 그 사심 어린 고찰을 폭로했다. 그러다 이제는 나의 몸에서 내던져버리려 해도 내던질 수 없는, 피와 살이 된 이 기만까지 간파했다.
>
> 『권력에의 의지』

기독교의 도덕이 성실함을 사람들의 마음속에 심어 놓았다. 이로써 사람들은 성실성을 지나치게 요구한 나머지 기독교의 '비성실성=거짓말'을 간파하게 되었다. 이를 혜안이라 불러도 좋다. 성직자들이 아무리 거짓말로 다진 설교를 대중의 몸에 주입하려 해도, 가장 어리석은 대중조차 언젠가 그 거짓말을 알아차린다. 기독교는 애초에 언젠가 무너질 내부구조를 가지고 있었다.

거짓말할 용기조차 없는 자

그러나 단지 거짓말을 하지 않는다 해서 훌륭한 인간이라는 것은 아니다. 이에 대해 니체는 몹시 신랄하게 학자(특히 문헌학자)를 비판했다.

이러한 무리들(학자들)은 거짓말하지 않는다는 점을 자랑한다. 그러나 거짓말할 힘이 없다는 것은 아직 도저히 진리를 사랑할 준비가 안 되었다는 뜻이다. 그러니까 조심하라! 열병으로부터 자유롭다는 것 역시 아직 지식과는 한참 멀었다는 뜻이다! 차갑게 식어버린 정신을 가진 자들의 말 따위, 나는 믿지 않는다.
거짓말을 할 줄 모르는 자는 진리가 무엇인지 모른다.
그대들이 높은 곳에 올라가고 싶다면 그대들 자신의 다리를 이용하라! 남에게 실려 가지도 말고, 남의 등이나 머리에 올라타지도 마라!

『차라투스트라는 이렇게 말했다』 제4부, 「보다 높은 인간에 대하여」

니체는 만 스물네 살 때(1868년) 바젤 대학의 교수로 전격 발탁되었는데, 취임한 지 삼사 년 뒤에 출간한 『비극의 탄생』(1872년)을 계기로 동료와 학자들에게 따돌림을 당했다.

그는 이 최초의 쇼크로 인해 극도로 반항적이고 역설적인 태도를 갖게 됐다. 세상을 보는 방식(인생관·인간관·철학관)이 이렇게나 직설적이고 솔직할 수 있었던 것도, 다 이 시기에 그 초석이 만들어졌다고 볼 수 있다. 니체는 근본이 단순한 남자다. 그는 자신을 배척한 주위 학자들의 모습을 마음껏 관찰하며 학자에 대한 강렬한 비판 정신을 키워나갔다.

그는 자신의 독창적인 연구는 무시하면서, 진부한 그리스 찬가와 평범하고 개성 없는 연구에 몰두하는 문헌학자를 미워했다. 그들의 조심스러움, 돌다리도 두드려보고 건너는 그 착실한 실증적 정신을 두들겨 패주고 싶었다. 그들은 결코 열병에 사로잡히는 법이 없었다. 학문의 법칙에 따라 순탄하게, 위험 없는 결론을 도출했다.

그런 그들에게 높은 산에 오르는 방법이란 여러 그리스 비극 작가들과 그리스 철학자들, 그리고 이를 연구하는 대가들의 등이나 머리에 올라타 연구의 산을 꾸준히 기어오르는 것밖에 없었다. 그들은 대부분의 산길을 타인에게 실려 가며, (젊은 니체처럼) 자신의 다리로 오르는 자를 걷어찼다.

학자들은 이렇게 거짓말하지 않는 일만 소중히 여기고, 한 줌의 전문가 집단 가운데서 높이 평가받기만을 추구하며 수수한 인생을 끝낸다. 거짓말을 하지 않는 이유는 그들이 성실해서가 아니다. 단지 그들에게는 창조적인 능력과 거짓말을 할 용기조차 없었기 때문이다.

여자와 거짓말

거짓말이라고 하면 금방 여자의 얼굴이 떠오른다. 『선악의 저편』 제7장의 232절부터 239절에 걸쳐 니체는 여성을 멸시하는 말을 차례로 토해낸다.

어쨌거나 여자는 진리를 원하지 않는다. 여자에게 진리 따위는 문제도 아니다! 여자에게는 애초에 진리처럼 지겹고 번거로우며 밉살스러운 것은 하나도 없다. 여자의 가장 큰 기교는 거짓말이며, 가장 큰 관심사는 외모와 아름다움이다.

이 문장의 배후에 숨겨져 있는 것은 여자라는 생물 특유의 약함이다.(바꿔 말하자면 강함이지만.) 생물학적 관점에서 여자는 역시 수동적인 존재이고, 임신을 하면 아홉 달 동안 태아에게 얽매이며, 출산 후에도 삼 년간은 엄마와 아이 모두 강자의 보호를 받아야 한다. 그러므로 배우자(아이의 정자 제공자, 즉 부친)가 아무나가 되어선 안 된다. 배우자는 엄마와 아이를 다음 세대까지 보호할 능력이 있는 남자여야 한다.

이 지상명령 앞에서 진리 따위는 아무래도 상관없다. 진리 때문에 불행해질 경우, 여자는 아주 간단하게 진리를 내던진다. 좋은 정자를 제공하는 사람을 만나서 임신하고 그에게 보호받으며 살아가기 위해서는 외모가 진리보다 훨씬 더 중요하기 때문이다.

여자는 다른 여자에게 엄격하다. 언뜻 보면 남자들이 여자를 사이에 두고 싸우는 것 같지만, 그것은 태양 아래의 밝은 싸움이다. 강한 남자를 얻기 위한 여자의 싸움은 훨씬 음산하고 치열하다. 거기에는 온갖 속임수와 책략과 덫이 있다.

여자는 다른 여자의 장점(매력)을 인정하려 들지 않는다. 모든 여자는 다른 여자를 통해 여자의 어리석음을 스스로 인정한다. 여자는 남자에게 져도 아무렇지 않지만, 다른 여자에게 지는 일은 결코 참지 못한다.

마지막으로 나는 이렇게 물으려 한다. 일찍이 여자가 스스로 여자의 머리에 깊이가 있고 여자의 마음에 올바름이 있다고 인정한 적이 있었는가? 또한 대부분의 경우 지금까지 여자라는 존재를 가장 경멸한 것은 여자 자신이지 결코 우리 남자가 아니었다. 이것이 진실 아닌가?

『선악의 저편』

여자에게 가려면 채찍을 들어라

니체에 따르면 여자는 결혼해서 아이를 낳으려는 목적을 위해 살며, 이를 위해 남자를 이용하는 존재다. 더 정확히 말하자면, 여자는 섹스라는 목적을 위해 남자를 이용하는 존재다.

여자의 모든 것이 수수께끼이며, 그 모든 것에는 하나의 해결책이 있다. 그것은 바로 임신이다. 남자는 여자에게 수단이고 그 목적은 언제나 아이다.

『차라투스트라는 이렇게 말했다』 제1부, 「늙은 여자와 젊은 여자에 대하여」

이렇게 니체가 단언하는 데는 다른 뜻이 있는 듯하다. 그 뜻은 무엇일까? 차근차근 살펴보자. 우선 같은 책인 『차라투스트라는 이렇게 말했다』에는 다음과 같은 유명한 대사가 등장하는 부분이 있다.

"여인이여, 나에게 그대의 작은 진리를 가르쳐주시오!" 내가 말했다. 그러자 노파는 이렇게 말했다. "여자들에게 가는가? 그렇다면 채찍을 들고 가는 것을 잊지 마시오!"

『차라투스트라는 이렇게 말했다』 제1부, 「늙은 여자와 젊은 여자에 대하여」

이 부분은 다양한 해석이 가능한데, 그중 가장 단순한 해석은 동물과 마찬가지로 여자는 말이 아닌 채찍으로 다스려야 한다는 뜻이다. 말 그대로 보면 그렇지만, 사실 여기엔 좀 더 깊은 의미가 있는 듯하다.

여기서는 이 말을 차라투스트라가 아닌 노파가 했다는 점에 주의해야 한다. 노파는 여자의 유일한 목적인 임신 능력이 제거된 존재지만, 바로 그렇기 때문에 차라투스트라는 그녀를 경계하지 않고 거리낌 없이 대화를 나눌 수 있었다. 게다가 노파는 '예전에는 여자'였으므로 여자에 대해 잘 안다.

염소나 양에게 채찍질하는 사람은 없다. 채찍은 맹수를 길들일 때 쓴다. 그편이 효과적이기 때문이다. 여자는 맹수 같은 존재여서 그 자체로는 손쓸 수 없을 정도로 사납지만, 남자가 채찍으로 잘 훈련시키면 얼마든지 복종시킬 수 있다.

여자는 그 어떤 남자의 애정이나 지력으로도 지배할 수 없다. 그렇다고 맹수 같은 남자의 강함만으로 지배할 수도 없다. 여자를 지배하려면 채찍을 다루는 교묘한 기술이 필요하다. 어느 부분에서는 따끔한 맛을 보여주고, 또 어느 부분에서는 그것을 피하는 길을 알려주며 전체적으로는 아무리 해도 달아날 수 없다고 생각하게끔 만들어야 한다. 최고의 채찍 기술자는 채찍을 그저 바닥에 내리치기만 해도 맹수를 벌벌 떨게 만드는 사람이다.

니체와 파울 레Paul Ree*, 루 살로메Lou Andreas-Salomé** 세 사람이 찍은 사진이 아직 남아 있는데, 그 속에서 루 살로메는 채

---

* 독일의 철학자로 니체의 친구.
** 니체가 사랑했던 독일의 작가이자 정신분석학자.

찍을 손에 들고 있다! 요아힘 쾰러Joachim Köhler는 니체가 1870년에 출판된 자허마조흐Leopold von Sacher-Masoch*의 『모피를 입은 비너스』를 읽은 게 아닐까 추측했다. 어쩐지 니체는(적어도 정신적으로는) 루 살로메나 코지마 바그너Cosima Wagner**처럼 강한 여자에게 채찍질 당하기를 바라는 듯한 분위기를 풍긴다.

여자는 채찍을 손에 쥔 채 남자를 훈련시키려고 기다리고 있다. 그러니 우리 남자도 거꾸로 여자를 훈련시키기 위해 채찍을 들고 여자에게 가야 한다. 니체는 이렇게 말하려는 것일까?

하지만 노파의 말을 떠올려보자. 이는 작은 진리다. 그러면 큰 진리란 무엇인가? 확실하지 않지만(니체의 사전에 이런 말은 없다) 설령 용의주도하게 최고의 채찍 기술로 여자를 대하더라도 남자는 여자에게 낚여 먹이가 되는 것일지도 모른다.

루 살로메에게 당한 실연

『차라투스트라는 이렇게 말했다』 제1부를 쓰기 직전, 니

---

* 오스트리아의 작가이자 언론인. 마조히즘이라는 용어는 그에게서 유래됨.
** 바그너의 두 번째 아내이자 리스트의 딸.

체는 쓰디쓴 실연을 맛봤다.(아래의 내용은 주로 루 살로메의 『루 살로메 회고록』 및 에른스트 파이퍼Ernst Pfeiffer의 『프리드리히 니체, 파울 레, 루 살로메』를 참고했다.)

니체는 서른여덟 살 때 친구인 파울 레(서른한 살)와 루 살로메(스물한 살)에게 셋이서 동거를 하자고 제안했고, 그들은 실제로 동거를 시작했다. 니체는 처음부터 미모와 재능을 갖춘 러시아 귀족 루 살로메에게 이끌렸다. 그러나 그녀는 레에게 홀딱 빠져 있었다. 그 사실을 모르는 니체는 그녀에게 청혼했다. 잔혹하게도 루 살로메는 레에게 이를 알리며 상담했고, 레는 "결혼하면 아버지의 유산을 못 받는다고 거절하면 돼"라고 알려주었다.

니체가 일의 진상을 어디까지 알고 있었는지는 확실치 않지만 하필이면 둘도 없는 절친한 친구에게 결혼 상대(라고 멋대로 생각했던 여자)를 빼앗긴 꼴이었고, 게다가 두 사람이 서로 사랑하고 있다는 사실을 바로 옆에 있으면서 전혀 눈치채지 못했으니 엄청난 굴욕이었을 것이다. 세 사람의 공동생활은 곧바로 끝장났다. 그러나 그 정도의 굴욕을 맛보고도 니체는 레에게도 루 살로메에게도 특별히 항의하지 않았다. 오히려 루 살로메에게는 여전히 미련이 남았던지 그 후로도 뒤를 쫓아 그녀를 만나러 갔다. 그녀의 마음이 바뀔 것을 기대하는 편지도 몇 통이나 남아있다.

그러나 물론 그녀는 니체를 무시했고 그에 대해 아무런 죄책감도 느끼지 않았다. 이윽고 그녀는 레를 버리고(레는 자살한다) 다시 릴케에게로, 프로이트에게로 옮겨갔다. 니체가 상대할 수 있는 여자가 아니었던 것이다. 이제 곧 마흔인 니체는 더욱 고독해졌고 삼 년 후에는 완전히 미쳐버렸다. 특히 읽기 힘든 부분인 『차라투스트라는 이렇게 말했다』 제2부, 「춤의 노래」에서는 여자에게 우롱당하는 남자의 모습이 잘 묘사되어 있다.

> 지혜는 눈을, 웃음을, 게다가 황금으로 만든 작은 낚싯대마저 가지고 있다. 그 둘(여자와 지혜)이 이토록 닮은 것을 나더러 어쩌란 말인가? (중략) 그녀는 아름다운가? 난들 알겠는가! 그러나 가장 늙은 잉어들도 지혜라는 먹이로 꾀어낼 수 있다.
>
> 『차라투스트라는 이렇게 말했다』 제2부, 「춤의 노래」

'황금 낚싯대'가 바로 루 살로메다. 지혜와 여자라는 이중성으로 유혹하는 루 살로메에게 니체라는 잉어 한 마리가 낚인 것이다. 그러다 제3부의 「또 다른 춤의 노래」에 이르면 루 살로메의 형상이 더욱 선명해진다. 그리고 거기에는 돈 호세를 유혹하는 카르멘의 이미지가 겹쳐진다. 매우 알기 쉬운 부분이니 조금 길게 인용해보겠다.

오직 두 번, 그대는 작은 손으로 그대의 캐스터네츠를 두드렸을 뿐이다. 그러자 벌써 나의 발은 춤에 열광하며 흔들렸다. 나의 발꿈치는 위로 올라갔고 나의 발가락은 그대의 뜻을 알기 위해 귀를 기울였다. (중략) 나는 그대에게로 뛰어올랐다. 그러자 그대는 나의 도약을 피해 달아났다. 그리고 그대의 흩날리며 춤추는 머리카락은 흡사 뱀처럼 나를 향해 혀를 날름거렸다! 나는 그대에게서, 그대의 뱀들에게서 펄쩍 뛰어 물러났다. 그러자 그대는 이미 반쯤은 이쪽으로 몸을 돌리고 욕정을 가득 담은 눈으로 서 있었다.
(중략) 그대가 가까이 있으면 나는 그대를 두려워하고, 그대가 멀리 있으면 나는 그대를 사랑한다. 그대가 달아나면 나는 이끌리고, 그대가 찾아오면 나는 내키지 않게 된다. 나는 괴로워한다. 그러나 그대를 위해서라면 나는 흔쾌히 괴로워하지 않았던가! 그 냉담함이 사람의 마음을 타오르게 하고, 그 증오가 사람을 유혹하고, 그 도주가 사람을 속박하고, 그 조롱이 사람의 마음을 움직인다.
누가 이런 그대를 미워하지 않겠는가, 위대한 속박자, 농락자,

유혹자, 탐구자, 발견자인 그대라는 여자를! 누가 그대를 사랑하지 않겠는가, 순진하고 참을성 없으며 질풍 같은 죄인, 아이 같은 눈을 한 죄인인 그대라는 여자를! 지금 그대는 나를 어디로 끌고 가는가. 그대, 성질이 몹시 못된 자여, 자유분방한 자여. 이렇게 생각하자 이번에 또 그대는 나를 버린다. 그대, 사랑스러운 말괄량이여, 은혜를 모르는 자여!

『차라투스트라는 이렇게 말했다』 제3부, 「또 다른 춤의 노래」

루 살로메에 대한 니체의 절절한 마음이 그대로 다 전해지는 문장이다. 이 부분은 『차라투스트라는 이렇게 말했다』의 다른 부분에서 보이는 여러 번 굴절된 반어와 은유를 벗어던지고, 그저 루 살로메에 대한 마음을 직설적으로 표현하고 있다. 니체의 단순함, 사람 좋음, 굳이 말하자면 귀여움이 드러난 문장이다.

니체는 비제George Bizet가 작곡한 오페라 〈카르멘〉을 몇 번이나 봤다고 한다.(이렇게 고백하는 니체는 무섭도록 순진하다.) 군인인 돈 호세는 카르멘의 아리따운 모습에 반해 군대를 그만두고 산적 패거리가 된다. 그는 그를 걱정하며 찾아온 약혼자 미카엘라를 냉담하게 돌려보내고 병에 걸린 어머니를 만나러 가려 하지도 않는다. 그 정도로 카르멘에게만 빠져 지냈는데, 결국 그녀에게 버림받는다. 카르멘은 오직 자신을 사랑하는 일만이 삶의 보람인 남자에게는 흥미를 잃은 지 오래였다.

그녀의 새 연인인 투우사 에스카미요가 등장하는 투우장 뒤편에서, 카르멘은 관계를 회복시키려고 매달리는 돈 호세를 뿌리치다 끝내 그의 칼에 찔려 죽는다.

돈 호세는 전형적인 못난 남자다. 니체는 그와 자신을 동일시하며 비통한 심정으로 무대를 바라보았을 것이다. 돈 호세가 카르멘의 유체를 껴안으며 "오, 카르멘! 오, 카르멘!" 하고 몇 번이나 울부짖는 장면에서는 눈물을 흘렸을지도 모른다. 이 부분에서 순박함(순진함)과 자학적 취미가 뒤섞인 니체 특유의 성격이 잘 드러난다.

여자에 대한 두려움

니체는 코지마나 루 살로메처럼 우아하고 귀족적이며 이지적인 데다 자유분방하게 살면서 남자를 지배하는 강한 여자에게 이끌렸다. 그러나 그녀들은 니체를(적어도 남자로서는) 거들떠보지도 않았다.

니체의 여자에 대한 격렬한 적의는 카르멘에게 차인 돈 호세처럼 단 한 번의 경험으로 만들어진 것이 아니었다. 그는 평생 동안 여자에게 쭉 인기가 없었다. 그의 적의는 용기를 내어 딱 한 번 사랑을 고백했지만, 보기 좋게 차인 남자의 가슴 사무치는 원한이라고 해석하면 된다. 그 편이 가장 이해하기 쉽다.

마지막으로 여자! 이 인류의 절반은 약하고 병들었으며 변덕스럽고 바람기가 있다. 여자는 그것에 매달리기 위해 강자를 필요로 하고, 또한 약자인 것을, 사랑하는 것을, 겸허한 것을 신적으로 찬양하는 약함의 종교를 필요로 한다. 혹은 이렇게 말해야 할 것이다. 여자는 강자를 약하게 만들어 강자를 압도하면 오히려 지배한다고. 여자는 항상 데카당스의 전형과 승려와 한통속이 되어 권력이 있는 자, 강자, 남자에 대한 반역을 꾀했다.

『권력에의 의지』

여자는 남자보다 훨씬 더 심술궂고 또 영리하다. 여자임에도 선의를 갖추고 있다는 것은 이미 그 여자가 여자로서 퇴화했다는 사실의 방증이다.

『이 사람을 보라』

그러나 이는 지나치게 피상적인 해석이다. 니체의 여자에 대한 두려움, 또는 같은 말이지만 여자와의 관계에 대한 두려움은 좀 더 심오한 것으로 보인다.

우선 니체가 애타게 사랑했던 두 여자는 모두 아름답고 지적이었으며 혈통까지 좋아서 많은 남자의 동경의 대상이었다. 이런 여자에게 차여도 니체가 받는 타격은 적다.

다음으로 두 여자는 모두 다른 남자와 특별한 사이였다.(루 살로메와 레의 친밀한 관계는 나중에 알았지만.) 니체는 언제나 여자 하나에 남자 둘로 이루어진 삼각관계를 원했다. 사랑하는 여자를 공유할 믿음직한 남자 한 명이 필요한 것이다.

다시 말해 니체는 결코 혼자서 현실적으로 여자를 얻는 평범한 행동을 하는 경우가 없었다. 더 정확히 말하자면 처음부터 그는 성취할 가능성이 없는 여자를 점찍은 뒤 계획대로 차이는 것이다. 여자에 대해 자신감이 전혀 없는 남자로서는 상처를 최소한으로 끝낼 가장 현명한 방법이 아닌가?

4장

착한 사람은
무 리 를
짓 는 다

그들은 서로 원만하고 정직하며 친절하다. 마치 모래알이 다른 모래알과
서로 원만하고 정직하며 친절한 것처럼.

가축의 무리

착하고 약한 사람은 언제나 가슴에 불만을 품고 있다. 그러나 조금이라도 신변의 위협이 있는 곳에서는 절대 그 불만을 털어놓지 않는다. 불만이 쌓일 대로 쌓여도 절대적으로 안전한 장소에서만 그 감정을 표출한다. 게다가 자신과 마찬가지로 약한 무리를 찾아내 불만을 공유하려 한다. 그는 약한 자신을 절대 바꾸려 하지 않지만 홀로 남겨지는 것은 무섭기 때문에 자신과 똑같이 약한 사람들을 모아 하나의 공동체를 만들려고 한다. 약한 피해자 동맹을 만들려는 것이다.

그러려면 단순한 단결만으로는 안 된다. 어쨌거나 자기들은 약하니까. 이 점을 깨달은 그들은 자기들만이 옳다는 무기를 손에 쥔다. 자기들은 약해서 옳다. 약해서 선하다. 이리하여 모든 도덕의 기초는 선하고 옳은 약자를 못 본 체하지 않는 것, 배려하고 존중하는 것이라 믿게 된다.

니체는 이런 인종을 돼지나 양, 소와 마찬가지인 가축의 무리라고 부른다.

너무 오랫동안 세상 사람들은 그들(작은 사람들)의 언행을 들어왔다. 그래서 마침내 그들에게 권력마저 주게 되었다. 이제 작은 사람들은 가르친다. "작은 사람들이 선하다고 하는 것만 선하다"라고.

『차라투스트라는 이렇게 말했다』 제4부, 「더없이 추한 자」

니체는 '착한 사람=가축 무리'가 보이는 힘에 대한 강한 의지와 지배 형태에 대해 장황하게 묘사했다.

가축 무리의 본능은 중간과 중위中位의 것을 최고이자 가장 가치 있는 것으로 평가하는데, 이는 다수자가 살아가는 장소이자 다수자가 이 장소에서 살아가는 방식이다.

『권력에의 의지』

착한 사람은 자신이 약하다는 사실을 알고 있으므로 가장 비열하고 임시변통적인 방법으로 권력을 추구한다. 즉, 그들은 숫자에 호소한다. 그들 하나하나는 약하지만 결속하고 단결하면 산도 움직일 수 있고 거악도 때려눕힐 수 있다는 것이다.

이리하여 그들은 약한 자신을 조금도 바꾸지 않은 채, 게다가 이득을 보며(손해를 보지 않고) 안락하게 살아남기 위해 숫자 뒤에 몸을 숨기고 공들여 안전을 확보한다. 그리고 어떠한 책임도 지지 않으리라 맹세하며 언제라도 도망칠 수 있는 만반의 준비를 갖춘 뒤 행동으로 옮긴다. 자신의 약함을 아는 자만이 체득할 수 있는, 홀딱 반할 정도로 현명한 방법이다.

공정함과 복수

약자에게는 강자의 보호가 필요하다. 이를 개인 레벨에서 요구하지 못하게 된 근대 이후부터는 약자를 보호할 제도가 필요해졌다. 약자를 보호하고 그 약함을 나무라지 않는 제도, 약해도 살아갈 수 있는 제도, 약자를 내버리지 않는 제도, 약자에게 따스한 눈길을 주는 제도……. 약자는 이런 제도를 필요로 한다. 강자가 강함을 과시하거나 그 힘으로 약자를 괴롭히지 않고 오히려 자신의 강함을 악이라고 생각하게 하는 제도, 약자는 이런 제도가 공정하다고 생각한다.

강자는 강하니까 약자를 고려해야 한다. 약자는 약하니까 자신의 일만으로 벅차다. 강자가 약자를 고려하는 것은 강자의 의무다. 그 의무를 소홀히 하는 사람은 주방하고 나부라고 사회에서 매장해도 된다.

공정gerecht이라는 단어는 복수gerächt라는 단어와 맞닿아 있다. 공정함을 추구하는 약자는 강자에게 복수하고 싶어 한다. 강자를 냄새나는 시궁창 속에 처넣고 자기들과 같은 더러운 무리로 개조하고 싶어 한다.

게다가 약자는 특유의 현명함과 둔감함을 겸비하고 있기에 스스로에게 그런 의도를 숨기는 기술도 지니고 있다. 그들에게 새삼 물어보면 시치미를 떼며 그런 일은 "꿈에도 생각지 않는다"라고 대답할 것이다.

약자는 약자 특유의 권력을 내세운다. 잘 드러나지 않는 특유의 폭력을 행사한다. 즉, 질 나쁘게도 그들은 자신이 권력을 가졌다고는 꿈에도 생각지 않은 채 절대적인 권력을 휘두른다. 게다가 더욱 질 나쁘게도, 그런 자신이 공정하다고 믿는다.

> 나는 선의가 있는 만큼의 약함을 본다. 정의와 동정이 있는 만큼의 약함을 본다.
> 그들은 서로 원만하고 정직하며 친절하다. 마치 모래알이 다른 모래알과 서로 원만하고 정직하며 친절한 것처럼.
> 『차라투스트라는 이렇게 말했다』 제3부, 「작아지게 만드는 덕에 대하여」

그들은 법률을 준수하고 사회의 규칙을 지킨다. 왜냐하면 첫째로 사회의 규칙이 약자를 위해 존재한다는 사실을 알기 때문이며, 둘째로 규칙을 위반해 사회에서 말살되는 것을 두려워하기 때문이다. 약자는 사회의 규칙을 잘 지킨다. 그들이 살아남으려면 자신의 욕망을 억누르며 마지못해 사회의 규칙에 따르는 것 말고는 방법이 없기 때문이다. 그러므로 그들은 착한 사람이 되는 수밖에 없다. 착한 사람이란 주어진 사회적 규칙에 어떤 의문도 품지 않고 따르는 사람이니까. 이리하여 그들은 한없이 품행 방정한 시민이 되어 규칙을 파괴하는 사람을 얼굴을 찌푸리며 격렬하게 단죄한다.

그러나 나는 그대들에게 이렇게 충고하겠다. 나의 벗들이여, 처벌하려는 충동이 강한 모든 자를 믿지 마라! 그들은 종족과 혈통이 비천하다. 그들의 얼굴에는 사형 집행인과 탐정의 기운이 어른거린다. 자신의 정의에 대해 떠벌리는 모든 자를 신용하지 마라! 참으로 그들의 영혼에는 꿀만 부족한 것이 아니다. 그리고 그들이 자기 자신을 "선하고 의로운 자들"이라고 칭할 때, 잊지 마라. 그들이 바리새인이며, 그들에게 없는 것은 오직 권력뿐이라는 사실을!

『차라투스트라는 이렇게 말했다』 제2부, 「타란툴라에 대하여」

처벌하려는 충동이 강한 사람이란 기존의 규칙을 절대시하는 사람이자 그 규칙을 위반하는 자에게 관용이 없는 사람이다. 그것도 정의의 이름으로 말이다. 지상의 모든 비열한 일, 추악한 일, 흉포한 일은 대부분 정의의 이름으로 일어났다. 아무리 합리적이고 이지적이어도, 설득력이 있고 애정으로 가득 차 있어도 자신을 일방적으로 정의의 편에 두고 그 이외의 사람을 비난하며 박해하는 자는 절대 믿을 수 없다.

니체는 "자신의 정의에 대해 떠벌리는 모든 자를 신용하지 마라!"라고 외친다. 괴롭힘당하는 사람을 대변하며 매우 온화한 얼굴로 정의를 주장하더라도 그는 몹시 위험한 인물이다. 왜냐하면 권력을 쥔 새벽녘에 바로 바리새인Pharisee으로 변하기 때문이다.

바리새인이란 유대교의 규율을 전부 지키는 정통파이자 그 사회의 권력자다. 바꿔 말하면 기존의 온갖 권력에 대항하는 세력 역시 권력을 추구한다는 뜻이다. 이전에는 권력자를 벌하려는 충동으로 움직였던 인간 역시 자신이 권력을 쥐면 곧바로 공포정치를 실현한다. 프랑스 혁명 뒤나 스탈린주의까지 거슬러 올라갈 필요도 없다. 현대 일본의 성추행 피의자에 대한 신경질적인 마녀사냥이나 차별 언어에 대한 엄청나게 세세한 규제 등을 흘끗 보기만 해도 쉽사리 알 수 있다.

관리받고 싶은
마음

착한 사람은, 특히 이 나라의 착한 사람은 질서를 몹시 좋아하고 혼란을 매우 싫어하며 조금이라도 사태가 불온해지면 기겁을 한다. 2장에서 말했듯 사람이 모이는 곳이라면 전 일본 어디서나 바보스러운 안전관리 방송이 흘러나온다.

역 플랫폼에서는 "노란 선 밖으로 물러나라", "전철에서 떨어져 걸어라", 전철 안에서는 "출입문에 손을 대지 마라", "두고 내리는 물건이 없는지 주의하라", "내릴 때는 되도록 빨리 출입문으로 가라", 버스 안에서는 "손잡이를 붙잡아라", "운행 중에는 걷지 마라", "내릴 때 계단을 조심하라", 수영장에서는 "바닥이 미끄러우니 뛰지 마라", 바닷가에서는 "모래에 화상을 입지 않도록 조심하라." 정말이지, 귀를 막고 싶을 정도의 참견이다.

게다가 "전철에 뛰어들지 마라"라는 한심한 방송이 흐르는 도중에도 차장은 전철에 뛰어드는 사람에게 친절하게 문을 열어준다. 본보기로 얼굴을 문에 세게 끼워서 따끔한 맛을 보여주면 좋을 텐데.

이처럼 이 나라의 착한 사람은 자신의 책임 따위는 완전히 잊어버리고 신변의 안전을 정부에 통째로 맡긴 채 주의방송이 안 나오면 화를 내며 뛰어들고, 주의방송이 나와도 무시하며 뛰어들고, 그 결과 자기가 조금이라도 상처를 입으면 얼굴을 찌푸리며 미친 듯이 화를 낸다.

아, 이 모두가 얼마나 폭력적인가!

그야말로 우리는 너무 오랫동안 이런 작은 인간들의 주장을 들어왔다. 그래서 마침내 그들에게 권력마저 주게 된 결과, 이제 작은 인간들은 한껏 거만해져서 몽유병 환자처럼 길을 걷거나 만취해서 전철에 뛰어들어도 긁힌 상처 하나 없도록 해달라고 개굴개굴 시끄럽게 소리 지른다.

그런 쓰레기 같은 요구를 하는 녀석은 침을 퉤퉤 뱉고 덤으로 엉덩이까지 차서 돌려보내면 좋을 텐데, 정부는 그런 이에게도 끝까지 정중하게 귀를 기울인다. 그야말로 '착한 사람=약자'는 폭군이자 왕좌에 앉은 대권력자로 벼락출세한 꼴이다.

폭군으로서의 '착한 사람'.

『권력에의 의지』

때로는 왕좌 위에 진흙이, 또 때로는 진흙 위에 왕좌가 있다.

『차라투스트라는 이렇게 말했다』 제1부, 「새로운 우상에 대하여」

부당한 대우

전형적인 착한 사람이라면, 『차라투스트라는 이렇게 말했다』에서 상당히 이해하기 힘든 부분이 몇 군데 있다. 다음 구절도 그중 하나인데, 이 부분이 아무래도 이해가 안 된다는 독자는 자신이 니체가 가장 혐오한 착한 사람은 아닌지, 스스로 의심해보는 편이 좋다.

자신의 옳음을 주장하며 양보하지 않는 것보다 자신의 잘못을 인정하는 편이 고귀하다. 자신이 옳을 경우에는 특히 그러하다. 다만 그럴 만큼 넉넉해야 한다.

『차라투스트라는 이렇게 말했다』 제1부, 「독사에게 물린 상처에 대하여」

모든 약자는 입을 삐죽거리며 공정과 평등과 정의를 바란다. 그러나 진정으로 강한 사람이라면 부당하게 공격받고, 부당하게 비난받고, 부당하게 배척당하더라도 그것을 겸허히 받아들인다.

이제 좀 아시겠는가? 이런 간단한 말조차 장황하게 설명해줘야 알아듣는 것이 '약자=착한 사람'의 특징이다. 강자는 원래 강하기 때문에 평등을 별로 바라지 않는다. 자신이 부당하게 비난받는 위치에 있어도, 부당하게 손해를 보는 위치에 있어도, 부당하게 보상을 받지 못하는 위치에 있어도 그것을 받아들인다.

이는 스토아학파의 사상이나 일본의 무사도와 비슷하다. 자신은 강자이기에 구태여 평등을 바라지 않으며, 구태여 약자와 똑같은 안락과 이득을 바라지 않는다. 자신은 강자이니 보다 큰 책임을 져야 한다고 굳게 믿으며, 보다 불합리한 처사를 받아야 한다고 생각한다. 정의나 평등이라는 이름으로 자신을 구제하려는 것은 약자와 똑같은 기준을 자신에게 적용시키는 수치스러운 처사다.

약자에게는 보다 가벼운 벌을, 그러나 자신에게는 보다 무거운 벌을 요구하는 것이 옳다. 이는 약자에 대한 동정이나 자비가 아닌 경멸 때문이다. 약자는 약하고 자신은 강하기에 자신은 약자와 같은 권리를 주장해서는 안 되며, 같은 책임을 져서는 안 되는 것이다.

평등에 대한 믿음

평등은 정의에 딱 달라붙어 (서양형) 근대적 도덕의 핵심을 이룬다.

> 그러나 내가 증오하는 것은 루소적 도덕성이다. 이 도덕성이 아직도 영향을 끼치면서 모든 천박하고 평범한 자를 설득하여 같은 편으로 만드는 이른바 혁명의 진리다. 평등의 가르침! 그러나 이보다 더 해로운 독은 없다. 왜냐하면 평등의 가르침은 정의에 대해 말하는 양 보이지만, 그것은 정의의 종말이기 때문이다.
>
> 『우상의 황혼』

여기서 니체는 정의에 '그렇게 보이는 정의'와 '원래의 정의'라는 이중의 의미를 부여한다. 또 평등은 통찰력 없는 눈에는 정의로 보이지만, 사실은 정의와 정반대다.

인간은 전혀 평등하지 않으나 '약자=착한 사람'에게는 평등처럼 구미가 당기는 말이 없다. 그들은 이렇게 말한다. "사실은 인간이 평등하지 않다는 사실은 안다. 하지만 인간은 평등해야 한다." 과연 그들은 이 말이 무슨 뜻인지 알까?

확실히 권력자라도 사람을 죽이면, 강간하면, 불을 지르면, 횡령하면, 물건을 훔치면 범죄자가 된다. 법은 대개 무엇이 금지되어 있는지를 규정하기 때문에, 각 개인은 사회적으로 금지된 것에 관해서만 평등하다.

다시 말해 법은 단지 그뿐이다. 그 외의 수많은 일은 모두 불평등하다. 착한 사람은 그 사실을 모른다. 아니 알면서 모르는 척한다.

독거미 타란툴라

이런 환상적인 평등주의에 천착한 자들이 있다. 바로 구멍 속에 몸을 숨긴 채 살그머니 대중을 조작하는 비열하기 짝이 없는 독거미들이다.

"우리와 평등하지 않은 모든 자에게 복수하고 비방하리라." 타란툴라들은 입을 모아 이렇게 말한다. "그리고 평등에 대한 의지, 이것이야말로 앞으로 도덕의 이름을 대신해야 한다. 권력을 가진 모든 자에게 우리는 고함을 지를 것이다!"

『차라투스트라는 이렇게 말했다』 제2부, 「타란툴라에 대하여」

'약자=착한 사람'도 노력하면 꿈을 이룰 수 있다, 정직하게 일하면 적어도 남들처럼 살 수 있다. 이런 거대한 거짓말을 주입함에 따라 단순하고 착한 사람들의 뇌를 휘저어 질투를 부추긴다. 그 결과 자신이 이렇게 노력해도(이 또한 의심스럽지만) 생활은 전혀 나아지지 않고 돈도 모이지 않으며 노후마저 불안하니 대체 어떻게 된 일이냐고 진지하게 고민하는 무리가 탄생한다.

이렇게 뒤에서 대중을 조작하는 자는 타란툴라라는 이름의 춤추는 독거미다. 대중의 질투심과 복수심을 부추기고, 그 활활 타오르는 증오를 교묘하게 이용해 "평등, 평등!"이라고 외치게 한다.

타란툴라란 누구인가? 모든 저널리스트, 텔레비전에 나와서 의견을 말하는 모든 사람, 아니 지금은 모든 정치가, 모든 관료, 모든 기업인, 모든 교육자가 타란툴라다.

즉, 지금은 공적인 자리에서 무언가를 말하는 사람 모두가 타란툴라다. 이 거대한 거짓말 게임을 항상 바지런히 생각해내고, 그 결과 엄청난 수의 희생자가 신음하고 있는데도 약간의 혐오감도 느끼지 않다니, 너무도 이상한 일 아닌가!

그대 평등의 설교자들이여! 권력에 어울리지 않는 독재자적 광기가 그대의 마음속에서 평등을 바라며 외친다. 그대의 깊이 감추어진 독재자적 욕망이 이러한 도덕적 단어의 가면을 찢는 것이다! (중략) 이 설교자들은 매우 감격에 사로잡혀 있는 듯하다. 그러나 그들을 흥분시키는 것은 순진한 감정이 아니라 복수심이다. 또 그들이 치밀하고 냉정해진다면 그것은 정신이 그렇게 만드는 것이 아니다. 그들의 질투가 치밀하고 냉정하게 만드는 것이다.

『차라투스트라는 이렇게 말했다』 제2부, 「타란툴라에 대하여」

텔레비전이야말로 온갖 악의 근원이다. 아무것도 생각하지 않는(소위) 바보라도 알 수 있는 장치가,(소위) 바보에게 맞춘 기획이 욱시글거린다. 그 가운데서도 해설자를 자칭하는 사람은 코미디언, 만담가, 만화가, 운동선수, 가수, 사진작가, 외식산업 사장 등 깜짝 놀랄 정도로 교양 없는 집단이다. 그들 하나하나가 심각한 얼굴로 지구 온난화나 정권 교체, 소년범에 대해 해설하다니, 어처구니가 없다.

처음에는 무슨 장난인 줄 알았다. 그러나 방송국도 방송을 기획하는 타란툴라도 본인 딴에는 매우 진지한 것 같다. 아무리 그래도 이런 완전한 지적 하층민들이 대체 무슨 권한으로 세계정세에 대해, 일본 경제의 앞날에 대해, 낙하산 관료에 대해 해설할 자격이 있다고 믿는 걸까?

다음은 니체의 참으로 적절한 해설이다.

전문가의 명예를 위해 – 어떤 사람이 전문가도 아닌데 심판의 역할을 연기하는 즉시, 그 자가 남성이든 여성이든 우리는 곧바로 항의해야 한다.

『아침놀』

아니, 사실 나는 안다. 이런 해설자들은 전문가의 해설은 어려워서 못 알아들으니 자기들의 낮은 수준에 맞는 동료의 해설이 필요하다는 멍청한 시청자의 요구에 맞추어 등용되었다. 즉, 방송국의 타란툴라들은 무지몽매한 무리라도 알 수 있는, 흑백과 선악이 아주 뚜렷한 해설을 원하는 것이다. 이리하여 대뇌피질은 점점 더 퇴화되고, 사람들은 점점 더 단순한 바보가 된다.

텔레비전은
가장 기만적인 공간

이처럼 텔레비전은 전 국민의 지적 우둔화를 척척 추진시킨다. 뿐만 아니라 더욱 해롭게도, 그 모든 기획 속에서 나타나는 모든 것은 공들인 거짓말이다. 때로는 진실처럼 보이는 현상도 섞여있으므로 한층 더 질이 나쁘다.

　화면에는 차별 언어가 철저하게 배제되고, 성적 표현은 제한되며, 천황이나 황실에 대한 비방이나 중상모략은 말살된다. 화면에 나와 발언하는 사람은 모두 약자에게 친절해야 하고, 그들의 피나는 노력을 높이 평가해야 하며, 나쁜 사람을 미워해야 한다. 늙은이를 '어르신'이라 높일 필요 없이 그냥 '노인'이라 불러도 된다고 생각하더라도 그렇게 불러서는 안 된다. 정치인과 관료만 거세게 공격할 것 없으며, 그저 선거권만 가지고 있는 대부분의 국민도 어리석긴 매한가지라고 생각하지만 절대 입 밖으로 꺼내면 안 된다.

　또 모든 외국(외국인)과 모든 지역(지역주민)에 칭찬을 퍼부어야 한다. 모든 개발도상국(이 단어도 기만적이다. 영원히 개발되지 않을지도 모르니까!)은 엄청나게 매력적인 곳이며, 그곳에 사는 사람은 일본인이 잃어버린 정을 지니고 있다. 어떤 우스꽝스러운 사투리에도 "귀여워!"라며 감동해야 하고, 어떤 메스꺼운 향토요리에도 "맛있어!"라고 외쳐야 하며, 어떤 야만적인 시골이라도 "여기서 살고 싶어!"라며 눈을 빛내야 한다.

　NHK의 「노래자랑」에서는 당장이라도 쓰러질 듯한 노인이 반주 따위는 무시하고 잠꼬대에 억양만 붙인 것처럼 노래해도 모두 눈을 빛내며 "대단하십니다! 젊게 사시네요!"라고 칭찬을 쏟아붓고는, 반드시 특별상을 준다. 이런 거짓말을 크게 합창하고 이런 기만을 여기저기에 퍼뜨리면서도, 다들 아무런 양심의 가책도 없다는 듯 사근사근하게 웃고 있다!

나는 텔레비전 출연 의뢰도 가끔 받았지만 전부 거절했다. 나의 영상을 사람들이 보는 건 등골이 오싹할 정도로 혐오스럽다. 또 그로 인해 얼굴이 알려져 여기저기서 "저 사람 나 카지마지?"라고 손가락질당하면 더욱 자기혐오가 커질 것이다. 게다가 애초에 그런 이단 심문을 받는 듯한 꼼짝달싹 못하는 공간에서는 말할 기력 자체가 도저히 생기지 않는다.

벌써 10년도 더 된 일인데, NHK의 「10대의 진지한 이야기」라는 프로그램에 출연해달라는 제안을 몇 차례 받았다. 당시는 "얼굴을 알리고 싶지 않다"라는 이유를 강조하며 거절했는데, 그 뒤에 이어진 담당자의 말이 재미있었다. "그러면 일요일 아침 일찍 해서 사람들이 잘 안 보는 종교 프로그램은 어떻습니까?" "그래도 누군가는 볼 테니 안 되겠습니다"라고 거절했지만……

이야기가 옆길로 새었으니 이쯤에서 궤도 수정.

텔레비전의 무서운 점은 그야말로 전체주의 국가가 무색할 정도의 규제가 걸려 있으면서도 시청자 대부분(즉 착한 사람)이 그 사실을 눈치채지 못하게 만든다는 것이다. 두 팔과 두

다리를 묶은 뒤 입에 재갈마저 물릴 정도로 보도를 규제하지만, 이상하게도 전 국민은 이 나라에 보도의 자유가 지켜지고 있다고 믿는다. 그러므로 우익이 신문사를 좌지우지하면 온갖 평론가들이 보도의 자유를 지키라고 외치며 자유의 침해를 두려워하는 척한다.

아니, 실은 이 모든 일이 전혀 이상하지 않다. 니체가 말한 대로 타란툴라라는 이름의 독거미들은 기본적 인권이나 민주주의, 평등, 약자 보호라는 아름다운 깃발을 치켜들며 약자를 지키고 강자에 맞서는 척한다. 이를 위해서라면 진실을 왜곡하는 일도, 위반자를 마녀사냥하는 일도 꺼리지 않는다. 즉, 그들은 이런 척을 통해 권력을 행사하며 그 모든 일에 양심의 가책을 느끼지 않는 족속이다.

예외자에 대한 배척

착한 사람이 지배하는 공포정치는 척척 진행된다. 착한 사람은 기만과 거짓말투성이의 텔레비전 화면을 매일 보면서도 아무런 문제를 느끼지 않는다. 그리고 (니체럼) 거기서 문제를 발견하는 사람에게 적대감을 가진다.

가축의 무리가 지배하는 나라에서는 예외자는 예외자이기 때문에 무시당하고 배척당하며 박해받는다. 그런 자가 있으면 착한 사람이 온몸으로 의지하는 나른한 꿈같은 안온함이 무너지고 어렴풋이 느껴온 새빨간 거짓말이 폭로되기 때문이다.

가축의 무리는 그들 이하든 그들 이상이든 예외자를 그들에게 적대적이고 위해를 가하는 존재라 생각한다. 위쪽을 노리는 예외자, 보다 강하고, 보다 권력 있고, 보다 현명하고, 보다 풍요로운 자들을 다루는 가축 무리의 농간은 이들을 설득해서 파수꾼의, 목자의, 감시인의 역할을 하게 만든다. 즉, 가축 무리를 섬기는 제일의 봉사자가 되게 하는 것이다. 이리하여 가축의 무리는 위험을 이익으로 바꾼다. 동료들 사이에서는 공포가 없어진다. 여기 있는 것은 그들의 동료뿐이기 때문이다. 여기서는 오해받을 가능성도 거의 없고, 평등이 있고, 그들 자신이 비난받아야 할 존재가 아닌 정당한 존재로 느껴지며, 만족감까지 느낄 수 있다. 불신은 예외자의 것이며 예외자라는 점은 죄로 간주된다.

『권력에의 의지』

착한 사람은 언뜻 초식동물처럼 온화해 보이지만 질서를 해치는 자, 아니 질서에 대해 조금이라도 의문을 느끼는 자, 아니 다른 행동을 하는 자를 발견하는 즉시, 놀랄 만큼 난폭하게 그를 붙잡아 여기저기 끌고 다니며 희생의 제물로 삼는다. 그럴 때 착한 사람의 눈은 잔인한 기쁨으로 번들거린다.

중세의 마녀재판을 뒷받침한 것은 착한 사람들이다. 이천 년에 걸친 유대인 박해를 뒷받침한 것도 착한 사람들이다. 제2차 세계대전 전의 일본에서 전쟁 반대자에게 "매국노!"라고 욕하고 걷어차며 침을 뱉은 것 역시 착한 사람들이다.

현대사회에서 치한 행위나 성추행에 눈을 번뜩이며, 용의자를 붙잡는 즉시 목을 매달아 매장해버리는 것도 착하기로 소문난 사람들이다. 착한 사람들은 어느 시대건 결코 자기비판을 하지 않는다. 다른 모든 사람과 같은 행동을 하는 데 조금의 의문도 품지 않는다. 그러기는커녕 같은 행동을 하는 데서 한없는 기쁨과 안락함을 느낀다. 다시 말해 착한 사람들의 올바름의 근거는 딱 하나, '모두'다.

'모두'란 누구인가? 가장 수가 많고, 가장 생각을 하지 않고, 가장 둔하고, 가장 자기반성을 하지 않는 자들, 즉 가장 약한 자들이자 그래도 괜찮다고 정색하는 자들이다. 현대 일본에서는 이런 수많은 사람에 의해 모두라는 인장이 도쿠가와 가문이나 천황 가문의 문장紋章보다 더 높이 떠받들린다.

모두가 괴로워하는 것은 올바른 괴로움이고, 모두가 바라는 것은 올바른 바람이며, 모두가 그만두기를 바라는 것은 즉시 그만둬야 한다. "모두가 곤란해 하잖아요!"라고 눈물을 글썽이며 그 이상함에 대해 조금도 반성하지 않는 것이 진정한 착한 사람이다. 모두가 틀릴 때도 있는데, 아니 모두의 생각은 대부분 틀린데, 그런 진리가 머릿속을 스치는 일조차 없다.

키르케고르는 만년에 자신을 계속 희화화하고 매도했던 코펜하겐의 풍자적 대중지 《코르사르Corsair》와의 싸움(즉, 대중과의 싸움) 끝에 노발대발하며 말한다.

> 대중은 진리가 아니다. 그렇기 때문에 그리스도는 십자가에 매달렸다. 그리스도는 모든 자에게 호소했으나 대중에 영합하려 하지 않았고 무슨 일이 있든 대중의 도움을 받으려 하지 않았으며 이를 단호히 물리쳤다. 또 당파를 만들지 않았고 다수결을 허락하지 않았으며 그 스스로가 그러했던 진리, 단독자에게만 관계되는 진리가 되고자 십자가에 매달렸다.
>
> 쇠렌 키르케고르, 『내 저작활동의 시점』, 「부록」

가축 무리인 착한 사람은 혼자서는 우왕좌왕 망설이며 아무엇도 하지 못하는 주제에 대중이 되자마자 어째서 그렇게 잔혹한 짐승으로 변하는 것인가? 어째서 눈을 번들거리며 신바람이 나서 누구 한 사람을 희생양으로 삼아 피의 축제를 벌이는 것인가? 모두라는 말을 꺼내는 순간, 머리가 곧장 마비되어 아무리 비열하고 파렴치하며 악질적이고 무모하더라도 자신이 하는 일이 옳다고 믿는 건가?

이는 그들의 머리가 터무니없이 나쁘기 때문이지만 보기에 따라서는 머리가 터무니없이 좋기 때문이기도 하다. 그들은 의식적으로 계산해서 움직이지 않는다. 의식하지 못할 정도로 심층적인 타산에 따라 몸이 저절로 그렇게 움직이는 것이다.

가장 강한 확신은 몸으로 느끼는 생리적인 확신이다. 그 확신은 어떤 이론에 부딪혀도, 다이너마이트나 수소 폭탄이 터져도 결코 무너지지 않을 만큼 강하다.

적을 사랑할 수 있는가

착한 사람은 안락하게 지내며 이득을 얻고 싶어 하므로 자기 주변에서 대립이 생기는 것을 꺼린다. 그들은 되도록 그에 대해 생각하지 않은 채 모든 일이 진행되기를 바란다.

즉, 그들은 문제가 일어나지 않는 평온한 상태를 가장 좋아한다. 이질적인 분자가 섞여들어 일이 복잡해지는 것을 매우 싫어한다. 생각이 같은 사람끼리 똘똘 뭉치고 이질적인 사람과의 접촉을 꺼린다. 그러면 인간은 한없이 몹쓸 존재가 된다.

몹쓸 존재가 된다 - 생각이 같은 사람을 생각이 다른 사람보다 더 존경하라고 가르치면 청년은 가장 확실하게 몹쓸 존재가 된다.

『아침놀』

사상가는 어디까지 자신의 적을 사랑하는가 - 그대의 사상과 반대로 생각할 수 있는 사람을 결코 억압하지 마라. 입을 다물게 두지 마라! 스스로에게 맹세하라! 이는 사색의 첫 번째 성실에 속한다.

『아침놀』

어떤 학자가 일류인지 이류인지는 곧바로 구분할 수 있다. 일류 학자는 자기와 다른 의견도 귀 기울여 들으려 하는 사람, 이류(이하) 학자는 같은 의견을 가진 사람끼리 모여 다른 의견을 가진 사람을 배척하는 사람이다. 특히 그 둘의 차이는 중견 학자로 자리 잡은 이후에 더욱 분명해진다. 이류 학자는 무조건 당파를 만들려 하고 자신의 주위에 신봉자를 모으려 한다.

이류 학자에게는 반드시 악마 같은 적이 있다. 그는 적에 대한 질투로 활활 불타오른다. 그러니 누군가의 험담만 늘어놓는 학자를 경계하라! 특히 젊은이들만 있는 자리에서 자신의 경쟁자를 비난하기만 하는 학자를 철저히 경계하라! 가능하면 그로부터 멀리 떨어져라! 그는 진리보다 당파를 중시하며 당파를 만들기 위해 기를 쓰는 사람이니까. 그의 영향력 안에 있다 보면 당신도 어느새 학문을 시들게 만드는 비열한 자세를 몸에 익힐 것이다.

정신을 차려보면 주위에는 당신의 추종자들만 득시글거릴 것이다. 당신의 눈은 당신이 모아 놓은 생각이 같은 자들의 칭찬과 동조로 어두워지고, 그러면서도 당신은 그 사실을 눈치 채지 못할 것이다.

니체는 이렇게 요구한다.

> 그대들은 미워해야 할 적들만 가져야지, 경멸해야 할 적들을 가져서는 안 된다. 그대들은 자신의 적을 자랑스러워해야 한다.
>
> 『차라투스트라는 이렇게 말했다』 제1부, 「전쟁과 전사에 대하여」

강자는 적에게서 달아나지 않는다. 적이 강하면 강할수록 적을 확실하게 응시한다. 적과의 대결이야말로 인생의 가장 큰 묘미이기 때문이다. 그러나 약자는 모든 적에게서 달아난다. 그리고 적이 없는 세계를 바란다.

이기주의는 악이 아니다

착한 사람은 어쨌거나 집단의 질서를 해치는 사람을 싫어한다. 그 언동이 무엇이든 그런 무리는 이기주의자다. 그러나 니체는 감히 "이기주의는 나쁘지 않다"고 단언했다.

이기주의는 악이 아니다. 왜냐하면 이웃(이 단어는 기독교적 기원에 속해 있으며 진리와 일치하지 않는다)의 표상은 우리에게 지극히 미약하기 때문에 우리는 이웃에 대해 거의 식물이나 돌을 대하듯 자유롭고 책임이 없다고 느끼기 때문이다. 타인의 고통은 배워야만 아는 것이다. 그리고 절대 완전하게 배울 수 없다.

『인간적인 너무나 인간적인』

이 문장의 배경에 숨겨진 말이(니체의 인간관에서의) 진리일 것이다. 타인을(적조차도) 보편적으로 사랑하라는 이웃애는 니체에 따르면 인간의 본성을 거스르고 인간의 진실에 어긋나는 허위 또는 기만이다. 왜냐하면 타인의 고통은 배워야만 아는 것이며, 절대 완전하게 배울 수 없는 것이기 때문이다.

> 나는 순박한 사람들의 귀에는 불쾌하게 들릴 수도 있는 위험을 무릅쓰고서라도 확실히 말해두겠다. 이기주의는 고귀한 영혼의 본질에 속한다. 내가 이기주의라고 일컫는 것은 우리 같은 존재에게는 다른 존재가 본디 종속되고 희생되어야 한다는 저 굳건한 신념이다. 고귀한 영혼은 자신의 이기주의에 대해 어떤 의문도 품지 않고, 그 속에서 냉혹함과 강제성, 방자함을 느끼는 일조차 없이, 오히려 그것이 사물의 근본 법칙에 기반한 것인 양 받아들인다. 이에 이름을 붙이는 단계가 되면 고귀한 자는 말할 것이다. "이는 정의 그 자체다"라고.
>
> 『선악의 저편』

고귀한 자는 고귀하지 않은 자를 종속시키고 희생시키는 것이야말로 사물의 법칙에 따른 일이자 정의라고 말한다. 히틀러가 좋아할 만한 말이다. 그러나 히틀러가 니체에 대해 아는 내용이라고는 학식 있는 무솔리니에게서 들은 것과 훗날 니체 여동생의 접근을 통해 알게 된 것이 전부였다. 히틀러에게는 니체의 난해한 문장을 독해할 능력이 전혀 없었다고 봐도 좋다. 또 니체의 문장을 허심탄회하게 읽었다면 고귀한 영혼과는 정반대의 위치에 있던 히틀러 자신이 가장 먼저 고귀한 영혼에게 복종하고 희생해야 했을 것이다.

니체는 자석이 철을 끌어당기듯, 어떤 사람들(특히 오만한 젊은이들)을 끌어당기는 마력을 지녔다. 그들은 니체의 강인하고 생생한 언어를 만나면 미칠 듯 기뻐한다.

지금껏 주위의 선량하고 상식적인 사람이 옳다고 믿어왔다. 그들로부터 "넌 틀렸어"라는 말을 들어왔다. 그런데 그건 이상했다. 왜냐하면 아무리 생각해도 그들보다 자신이 더 뛰어나기 때문이다. 이제 겨우 정신이 들었다! 내가 완전히 옳았다! 주위 인간을 산산조각 낼 다이너마이트를 드디어 손에 넣었다. 이리하여 그는 즉시 니체의 이항대립을 몸속에 흡수한다. 주위 사람들은 모두 가축의 무리다. 그리고 나는 초인의 길을 걷도록 선택된 인간이다!

내 주위에는 이렇게 분수를 모르는 얼뜨기 젊은이가 엄청나게 많다.(나는 그렇지 않았다는 점은 프롤로그에서 적었다.) 주위 사람들을 가축의 무리로 폄하하고 비판하며 경멸해도 좋다. 그러나 수많은 니체 연구자 또는 니체 애호가는 자신을 가축의 무리와는 반대인 고귀한 자로 여기며 가축의 무리를 심판하는 함정에 빠진다. 참으로 한없이 어수룩한 짓이다.

어떤 사람이 뼛속까지 자신을 고귀하다고 믿는다면 그는 병적일 정도로 자신을 모르는 사람일 것이다. 어렴풋한 느낌에 따른 믿음이라면 심각하고 불결한 자기기만이다. 고귀함을 어디까지나 이념으로 받아들일 때만이 그 사람의 청결함이 유지된다. 그러므로 앞에서 인용한 부분도 "진실로 고귀한 자라면 고귀하지 않은 자를 예속시키고 희생시켜도 좋을 테지만, 그런 자는 유사 이래 현실에 존재한 적이 없다"고 해석하는 편이 타당하다.

'착한 사람=약자'를 비판하는 사람은 '착한 사람=약자'에서 완전히 벗어난 사람이 아니라, '착한 사람=약자'에서 벗어나고 싶다고 온몸으로 바라는 사람이다.(이는 오르테가가 말한 엘리트의 정의와 일맥상통한다.) 그런 만큼 그는 순수한 착한 사람보다 조금 더 뛰어나다.

2장에서 살펴보지 않았는가. 들개에 지나지 않는 자가 가축의 무리를 비웃는 우스꽝스러움과 비참함을! 나는 니체가 초인과 자신을 동일시하지 않을 정도의 양식을 마지막까지 갖고 있었다고 생각한다. 그러므로 그의 문장에는 힘이 있으며 청결함이 유지되는 것이다.

무리를 짓지 않는 약자

여기서 다시 신형 약자를 등장시켜보자. 이들은 완전한 신형은 아니지만 요즘 갑자기 늘어나고 있는 것도 사실이다.

이들은 완전한 약자지만 바로 그렇기 때문에 누구와도 무리를 짓지 않고 방에 틀어박혀 있는, 젊은 사람들 무리다. 이 청년 무리는 전형적인 히키코모리 단계에는 이르지 않았으나 애인도 친구도 없고, 그렇다고 가족과 툭 터놓고 지내는 것도 아니다.

그들은 적극적인 인간관계를 구축하지 못한다. 타인에게 공감하지도 동조하지도 못한다. 그들은 어린 시절부터 집단 속에서 위화감을 느꼈으며 그 안에서 능숙하게 숨을 쉬지 못했다.

그렇게 그들은 사춘기를 맞이한다. 집단 속에서 살지 못하는 대신 곧잘 사색에 빠지고 책을 읽는다. 그중에서도 그들의 필수품은 컴퓨터다. 그 몇십 제곱센티미터의 화면을 통해 그들은 전 세계의 지식을 얻고 자신의 말을 전국에(익명으로) 보낸다.

그들은 방대한 지식(지극히 단순한 지식에 불과하지만)을 얻음으로써 수많은 작가와 철학자, 예술가가 자기와 마찬가지로 사회적 불리함을 짊어지고 살았다는 사실을 알게 된다.

그들의 두뇌는 활발하게 움직이기 시작한다. 자신은 이렇게 사회성이 떨어지니 어쩌면 천재일지도 모른다. 적어도 자신은 무언가를 표현하기 위해 살아갈 운명일지도 모른다. 아니, 그게 아니더라도 자신은 타인과 사회가 무서워서 견딜 수 없는데도 남들의 평가는 받고 싶으니, 어떻게든 특정 수단으로 자신을 표현하면서 살아갈 수밖에 없지 않을까?

아, 이렇게 홀로 방에 틀어박힌 채 좋아하는 일(만화가? 애니메이션 작가?)을 할 수 있다면, 그 일을 많은 사람이 높이 평가해주고, 거액의 돈도 벌고, 가끔 인터뷰를 하고, TV방송에도 출연할 수 있다면……. 그런 생활은 얼마나 근사할까! 이런 생각을 할 때만 온몸에 에너지가 차오른다.

그러면 매일 만원 전철에 부대끼며 회사에 가서 노동 관리나 경리, 판매 따위의 시시한 일을 하는 세상 대부분의 남자들, 혹은 남편의 귀가만 기다리고 아이들의 성장만 기대하는 세상 대부분의 여자들, 즉 어리석은 가축의 무리(그들은 반드시 니체를 읽는다)를 철저하게 경멸할 수 있지 않은가! 멋지게 패자 부활전에서 이길 수 있지 않은가!

이리하여 니체의 독을 삼키고 컴퓨터 화면을 노려보는 일 말고는 아무것도 하지 않은 채 그들은 한 해 한 해 착실히 나이를 먹고, 사회 적합성은 갈수록 떨어지며, 평범한 근무처는 더더욱 멀어져간다.

이제는 영원히 환상 속에서 살거나 자기기만을 깨닫고 전향하는 길밖에 없다. 하지만 후자는 두렵다. 따라서 그들 대부분이 식어가는 목욕물 속에 있는 것처럼 몸을 잔뜩 움츠리며 전자의 길을 끝까지 고집한다.

5장

착한 사람은
동 정 한 다

누군가의 동정이 약한 사람과 번민하는 사람에게 위안이 되는 이유는 그들이 그로 인해 자신들의 온갖 약함에도 불구하고, 적어도 아직 타인을 괴롭게 만드는 한 가지 권력을 지니고 있다는 점을 의식할 수 있기 때문이다.

누구에게도
상처받지 않기

니체의 다음 말은 그야말로 정곡을 찌른다.

> 그들(착한 사람들)은 마음속으로 오로지 단 한 가지를 바란다. 바로 누구에게도 상처받지 않는 것이다. 그래서 그들은 누구에게나 먼저 친절을 베푼다.
>
> 『차라투스트라는 이렇게 말했다』 제3부, 「작아지게 만드는 덕에 대하여」

그들이 근본적으로 한결같이 바라는 것은 단 한 가지, 남에게서 고통을 받지 않는 것이다. 그래서 그들은 누구보다도 먼저 모두에게 친절을 베푼다.

착한 사람은 누구에게도 상처받기 싫으므로 누구에게도 상처 주지 않으려 한다. 누구에게도 비판받기 싫으므로 누구도 비판하려 하지 않는다. 누구로 인해서든 불쾌해지고 싶지 않으므로 누구도 불쾌하게 만들지 않으려 노력한다. 이리하여 항상 벌벌 떨면서 모든 것을 내버리고 달아나려 하는, 작은 동물 같은 착한 사람 특유의 축 처진 얼굴이 만들어진다.

어째서 그러는 것인가?

자신은 약하니까 조금이라도 방심하면 타인으로 인해 고통받을 위험성이 있기 때문이다. 자신은 약하니까 일단 고통받으면 그 상처가 여간해서는 아물지 않기 때문이다.

게다가 두려움 때문에 자신에게 고통을 안겨준 사람에게 복수하기는커녕 "당신은 나에게 고통을 주었다"라고 제대로 따지지도 못한다. 그러니 고통을 준 당사자 앞에서도 실실거릴 수밖에 없다. 이는 이중의 고통이 된다. 이런 이중의 고통으로 자신을 내몬 타인이 미워서 견딜 수 없다.

그러나 자신은 약하니까 타인에 대한 증오를 조금이라도 드러내면, 아니 타인에게 조금이라도 차가운 태도를 내비치면 그 사람과 함께 있는 집단(회사나 학교)에서는 도무지 살아갈 수 없을 것 같다. 그러므로 스트레스가 계속 쌓이고 다른 사람까지 무서워지는 삼중의 고통을 겪는다.

착한 사람은 이렇게 자기혐오와 타인혐오가 함께 울려 퍼지는 폐쇄적인 공간으로 자신을 조금씩 몰아넣는다. 그들은 이 공간에서 빠져나오면 태풍이 휘몰아치는 세상이 자신을 기다린다는 사실을 안다. 즉, 타인에게 조금이라도 공격을 받으면 눈앞이 새까매지며 살아갈 기력을 잃어버리는 것이다. 그런 사태를 피하기 위해 그들은 이 공간에 계속 머무르려고 갖은 노력을 다한다.

자기 주변에 대립이 발생하면 패닉 상태에 빠지는 사람이 있다. 그들은 어른끼리 싸움이 일어나면 실제로 치고받고 싸우지 않더라도 어떤 언쟁이든 몸이 받아들이지 못한다. 자신의 험담이 아니더라도 누군가를 매도하는 말을 들으면 즉시 양손으로 귀를 막고 싶을 정도로 공포를 느낀다. 눈의 초점이 흐려지고 허둥지둥 안절부절못하며 아무쪼록 대립이 끝나기만을 바란다.

그러나 이런 원리를 내세우며 살아가는 것은 명백한 잘못이다. 왜냐하면 우리가 확고한 신념을 가지고 그것을 실현하려면 반드시 타인과 부딪히기 때문이다. 그것은 (결과적이긴 하지만) 타인에게 고통을 주는 일이며, 동시에 타인으로 인해 고통을 받는 일이다.

자신의 신념과 미학을 관철시키려면 대립에 따른 고통을 피해서는 안 된다. 강자는 일부러 이 길을 선택한다. 타인으로 인한 고통을 견디고 타인에게 고통을 주면서까지 지키고 싶은 자신의 신념과 미학이 있기 때문이다.

그러나 '착한 사람=약자'는 모든 사람으로부터의 고통을 회피함으로써 그들 각자의 신념과 미학을 묵살한다. 그리고 결과적으로 누구도 상처받지 않는 신념(이는 대다수의 '착한 사람=약자'의 신념 또는 그 사회나 시대의 지배적인 신념이다)만을 수용한다.

이리하여 아무리 정당하고 확고한 이유가 있어 타인에게 상처를 줘야만 할 경우에도 상대방의 안색만 살핀다. 그 결과 누구와도 부딪히지 않는 사회, 아무도 자신의 신념과 미학을 관철시키지 않는 사회, 모두가 모두에게 친절한 따분하기 짝이 없는 기만 가득한 사회가 만들어진다. 착한 사람이 만들고자 하는 사회는 이런 모습이다.

동정심이 만드는 불쾌함

아무에게도 상처받기 싫다는 착한 사람의 태도는 동정을 주고받는 심리에서 정점에 달한다. 착한 사람은 자신이 병으로 괴로워할 때, 빈곤에 허덕일 때, 불행에 빠져 일어설 수 없을 때 어떻게든 타인에게 동정받고 싶어서 자신도 타인을 동정한다. 이런 치사한 역학 관계를 간파한 니체는 병적일 정도로 동정을 싫어했다.

아, 동정심 깊은 자들의 행동보다 더 어리석은 것이 이 세상에 또 있겠는가? 동정심 깊은 자들의 어리석은 행동보다 더 큰 괴로움을 안겨주는 것이 이 세상에 또 있겠는가?

『차라투스트라는 이렇게 말했다』 제2부, 「동정하는 자들에 대하여」

그들(구제자)의 정신은 그들의 동정 속에서 익사했다. 그리고 그들이 동정에 의해 부풀면 부풀수록(동정의) 수면에는 언제나 커다란 어리석음이 떠다녔다.

『차라투스트라는 이렇게 말했다』 제2부, 「성직자들에 대하여」

동정에 해당하는 한자 '同情'과 독일어 'Mitleid(함께 괴로워하다)'에서 잘 드러나듯, 동정은 기뻐하는 사람에 대한 공감이 아니라 괴로워하는 사람에 대한 공감이다. 동정은 기독교 윤리관을 비롯하여 대부분 도덕 체계의 기본을 이룬다. 그러나 니체는 동정을 철저하게 경멸하고 증오하고 비난했다.

이는 동정을 최고의 인간적 가치로 여겼던 쇼펜하우어에 대한 비판이자, 더욱 거슬러 올라가면 눈앞에서 고통받는 작은 약자에 대한 아가페를 주장한 기독교 윤리관에 대한 반발이다.

　니체의 동정 비판에 대해 다층적인 구조의 주름까지 낱낱이 해명하기는 어려우나, 우선 다음의 글을 읽어보면 최소한의 감은 잡을 수 있다. 니체는 『아침놀』 제2권, 특히 133절에서 136절에 걸쳐 동정 유해론의 기본선을 제시했다.

동정을 어디까지 경계해야 하는가 - 동정은 그것이 실제로 괴로움을 만들어내는 한(그리고 이것이 우리의 유일한 관점인데) 대개 해로운 감동에 빠지는 것과 같은 하나의 나약함이다. 동정은 이 세상의 괴로움을 증대시킨다. 동정의 결과 가끔 간접적으로 괴로움이 감소하거나 사라지더라도, 동정의 본질을 변호하기 위해 전체적으로는 중요하지 않은 그때그때의 결과를 이용해서는 안 된다. 동정의 본질은 전에 말했듯 해롭다. 설령 단 하루라도 동정이 지배하면 인류는 그로 인해 즉시 파멸할 것이다.

　니체에 따르면 동정은 약자가 자신의 약함에 기대어 점점 더 비열해지고, 점점 더 동정을 바라며, 점점 더 약함에서 빠져나오지 못하게 되는 무서운 악순환을 낳는다.
　약자는 일시적으로는 돈을 준 사람(A)에게 감사할 것이다. 그러나 다음번에 A가 돈을 주지 않으면 A를 미워하게 된다.

이와 마찬가지로 재능이나 육체에 매력이 없어서, 또는 불운 때문에 만성적 불행에 빠진 사람은 적어도 '남들이 나를 이해해줬으면 좋겠다'고 바랄 것이다. 그리고 그는 자신을 이해해주는 사람을 고마워하고 이해해주지 않는 사람을 격렬히 미워한다.

그는 자신도 모르게 일종의 권력을 자기 안에서 길러낸다. 거지가 갓난아이를 껴안고 비통한 얼굴로 행인에게 양손을 내밀듯이, 자신의 비참함을 과장함으로써 행인에게서 동정심을 얻어내려 하는 것이다. 이리하여 약자는 차차 강자의 동정을 당연하다는 듯 요구하게 되고, 그 결과 자신을 충분히 동정하지 않는 주위의 강자를 경멸한다. 못 가진 자의 고통에 가진 자의 냉혹함을 증오하는 괴로움까지 더해진다.

강자 역시 그런 폭력적인 눈으로 자신을 바라보는 약자를 두려워한다. 그래서 형식적으로 돈을 던져주며 그 자리를 피한다. 물론 속으로는 그들을 진심으로 증오하고 경멸한다.

즉, 동정은 요구하는 사람을 비열하고 파렴치하게 만들고, 건네는 사람도 위선적이고 기만적으로 만든다. 이처럼 양쪽의 마음을 모두 불쾌하게 만드는 동정은 금지되어야 한다.

타인을
괴롭게 만드는 권력

니체는 불행한 사람이 일종의 권력을 가지고 있다고 날카롭게 통찰했다.

누군가의 동정이 약한 사람과 번민하는 사람에게 위안이 되는 이유는 그들이 그로 인해 자신들의 온갖 약함에도 불구하고, 적어도 아직 타인을 괴롭게 만드는 한 가지 권력을 지니고 있다는 점을 의식할 수 있기 때문이다. 불행한 사람은 동정의 말에서 일종의 우월감 비슷한 쾌감을 얻는다. 자신은 아직 세상 사람들에게 고통을 줄 정도로 중요한 존재라는 자부심이 고개를 쳐든다. 그러므로 동정받고 싶다는 갈망은 자기만족을 향한, 그것도 이웃이 돈을 대신 지불하는 자기만족을 향한 갈망이다. 그것은 인간을, 본인의 가장 개인적인 가련한 자아가 전혀 구애받지 않은 상태에 놓인 인간을 속속들이 드러낸다.

『인간적인 너무나 인간적인』

니체는 인간의 어리석음과 잔혹함을 자세히 관찰했다. 불우한 사람에게는 기묘한 권력의식이 있어 자기보다 혜택받은 사람이 자기에게 넙죽 엎드리기를 바란다. 불우한 사람의 이야기를 들으면 혜택 받은 사람은 대꾸할 말이 없어진다.

추운 겨울날 해고되어 새해맞이 파견촌*에 들어가 망연자실하게 있다는 이야기. 소설을 10년 동안 썼는데 신인상 후보에조차 오르지 못했고 이제는 일할 곳도 없어서 차라리 자살하려 한다는 이야기. 이런 이야기를 감정적으로 토해내는 남자는 눈앞의 옛 친구에게 일종의 복수를 하고 있는 셈이다. 상대가 곤란해하는 모습을 보며, 몸속 깊은 곳에서 일종의 쾌감을 얻고, 거의 무의식중에 자부심이 고개를 쳐드는 것이다.

이런 경우 듣는 사람이 어떻게 반응하든, 말하는 사람은 그 말을 그대로 받아들이지 않을 것이다. 아무리 위로하고 동정해도 그저 말뿐이라며 분통을 터트릴 것이다. 그리고 물론 그를 조금이라도 비난하면(좀 더 진지하게 직업을 찾아보는 게 어떤가 등) 즉시 상대를 죽일 듯한 눈으로 노려보며 결코 용서하지 않을 것이다.

왜냐하면 그의 소망은 상대를 지배하는 것이기 때문이다. 지금 자기만큼 불행하지 않은 상대가 스스로의 죄를 인정하고, 자신에게 엎드리기를 바라기 때문이다. 더욱 거칠고 둔감한 사회적 강자도 있겠지만, 실제로 니체는 불우한 이야기를

---

* 해고당한 파견 노동자를 위해 일시적으로 개설한 피난소.

들으면 마음이 괴로워졌다고 하니 그의 다정함이 살짝 드러난 듯하다.

영혼을 부패시키는 동정

그러나 현명한 독자는 니체의 도량이 좁은 게 아니냐, 아무 보답도 바라지 않는 산뜻한 동정도 있지 않느냐, 타인의 동정에 진심으로 감사하는 경우도 있지 않느냐고 생각할 수도 있다.

과연 표면적으로는 그럴지도 모른다. 하지만 그런 경우 동정은 더욱 큰 해악을 불러일으킨다. 여기서 우리는 동정의 제2단계로 들어간다.

이 경우 동정하는 사람은(그 사람이 정상이라면) 자신의 위선적이고 기만적인 행위의 성격을, 즉 그 행위의 동기에는 위선과 기만이 다분히 포함되어 있다는 점을 충분히 알면서도 좋은 일을 했다고 믿어버린다. 동정을 받은 상대가 눈을 반짝이며 감사의 인사를 할 때, 상당히 단련되어 있지 않으면 저도 모르게 자신을 자랑스러워하는 것이다. 이야말로 그 사람의 영혼(?)을 철저하게 부패시키는 더 큰 해악이다.

동정받은 쪽은 상대에게 감사하는 마음이 순수하면 순수할수록 자신의 인격을 버리고 상대를 더 따른다. 생명의 은인에 대해서는 조금의 비판적 언동도 삼가고, 오로지 그 말씀을 따르기만 한다. 이런 과정을 통해 그는 노예로 전락한다.

동정이 한 사람의 인생을 바꿀 정도로 강렬하다면, 동정하는 사람은 상대가 무조건적으로 자신을 따르기를 요구한다. 설령 그렇지 않더라도 자신을 정면에서 비판하는 것을 꺼리고, 자기보다 남을 더 존경하는 것을 싫어한다. 만약 상대에게서 그런 모습을 발견한다면 은혜도 모르는 자라고 비난한다.(머리로는 그 생각을 떨쳐내려 해도 마음으로는 그렇게 느낀다.)

동정받은 사람은 이 마음에 완전히 호응하여, 자신의 신념과 미학을 묵살시키면서까지 동정을 건네준 사람에게 몸과 마음을 다해 복종하려 한다. 이처럼 동정이 순수하면 순수할수록 동정하는 사람과 동정받는 사람 사이의 자유롭고 대등한 인간관계는 붕괴된다.

그러므로 어쩔 수 없이 동정을 해야 하는 경우가 생긴다면, 오히려 냉담한 편이 좋다. 산뜻하고 담백하게, 그러니까 동정을 하는 사람도 동정을 받는 사람도 무슨 일이 있었는지 잊어버릴 정도가 적당한 것이다.

동정과 수치심

그러나 예외적으로 동정해도 좋은 경우도 있다. 바로 동정하는 사람이 그것을 진심으로 부끄러워하는 경우다. 이것이 동정의 제3단계다.

그러므로 고귀한 자는 남을 부끄럽게 만들지 않도록 스스로에게 경고한다. 고귀한 자는 번민하는 모든 사람에 대해 수치심을 느끼도록 스스로에게 경고한다.

『차라투스트라는 이렇게 말했다』 제2부, 「동정하는 자들에 대하여」

그러므로 나는 고뇌하는 자를 도운 손을 씻고 영혼까지 깨끗이 닦는다. 왜냐하면 고뇌하는 자의 고통에 찬 모습을 보았을 때 그의 수치심 때문에 부끄러웠기 때문이며, 또 내가 그를 도와주었을 때 그의 긍지를 심하게 상처 입혔기 때문이다.

『차라투스트라는 이렇게 말했다』 제2부, 「동정하는 자들에 대하여」

이런 니체의 통찰은 나의 몸속까지 찌릿찌릿 울리듯 깊이 이해된다. 동정하는 사람이 동정이라는 어리석은 행위를 해야만 한다는 사실에 수치심을 느낄 경우에 한해서만, 동정은 악취를 내뿜지 않는다. 이런 경우에만 동정받는 사람은 비참한 패배자라는 수치심을 반사적으로 느끼지 않는 것이다.

그러나 앞에서 확인했듯 남을 동정할 때 수치심을 느낄 정도로 고귀한 자는 여간해서는 현실에 존재하지 않는다. 그러므로 동정받는 사람은 모두 수치심으로 괴로워하며 동정하는 사람과의 관계에서 벽을 느끼게 된다.

원래 이상적으로는 의도치 않게 동정한 쪽이 즉시 수치심을 느껴야 하며, 동정받는 쪽은 그것에 의해서만 수치심을 느끼지 않고 넘어갈 수 있다. 그러나 실제로는 동정하는 쪽이 아무런 수치심도 느끼지 않으므로, 동정받는 쪽이 수치심에 휩싸인다.

니체의 동정 부정론은 표면적으로는 오만한 강자의 논리로 보인다. 그러나 사실 이는 매우 섬세한 생각이다. 놀랍게도 이 논리는 동정받는 쪽을 배려하고 있다. 동정하는 쪽이 넘어야 할 장벽이 더 높다고 말하고 있으니까. 자신의 오만함을 완전히 없앤 뒤, 오히려 자책에 사로잡혀 상대가 조금도 수치스러워하지 않는 방법으로 동정해야 하니까.

깨물면
이가 부러질 정도의 친구

그러므로 역설적이게도, 동정하면 그 즉시 거부하고 반항할 만한 사람에게만 동정을 건네야 한다. 그리고 그것이 친구의 기준이다.

친구에 대한 동정은 단단한 껍데기 아래에 숨겨져 있어야 한다. 그대는 그 동정(이라는 열매)을 깨물 때 이 하나쯤은 부러질 각오를 해야 한다. 그러면 동정은 섬세하고 달콤해질 것이다.

『차라투스트라는 이렇게 말했다』 제1부, 「벗에 대하여」

친구란 동정받는 것의 비참함을 아는 자이며 동정하는 행위의 어리석음을 아는 자다. 왜냐하면 동정하는 사람은 상대에게 감사의 말을 듣기는커녕 그의 반항으로 인해 반사적으로 수치심을 느낄 수밖에 없기 때문이다. 따라서 이 경우에는 동정이라는 행위의 어리석음을 서로 인정할 수 있다.

니체는 말했다. 진정한 친구는 자신을 거부할 정도로 단단한 껍데기를 걸치고 있으며, 그것을 억지로 벗기려 할 때는 이 하나쯤은 부러질 각오를 해야 한다고. 이는(차라투스트라는 둘째 치고) 약한 인간이었던 니체에게는 비장할 정도로 이상적인 친구상이다.

니체 자신은 그의 여러 친구 관계에서 볼 수 있듯, 이런 이상적인 친구를 견딜 수 있을 만큼 강한 남자가 아니었다. 그가 실제로 이런 남자를 만났다면 무서워서 도저히 우정을 쌓을 수 없었을 것이다.

단단한 껍데기를 두른 친구는 그저 이상일 뿐이라는 사실을 니체는 뼛속 깊이 알고 있었다. 친구들이 차례로 떠나가는 상황에 망연자실하면서도, 니체는 눈물을 머금고(?) 비현실적이며 이상적인 친구상을 드높이 내걸었다. 여기서 열다섯 살 소년 같은 허세와 그에 꼭 들러붙어 있는 연약함을 느끼는 것은 어쩔 수 없는 일이다.

학창시절의 친구관계로 추측하자면, 니체는 진실로 서로 사랑하고 신뢰하며 상대의 역량을 인정해주는 인간관계를 갈망했다. 그러나 『비극의 탄생』 출간 이후 그때까지 친구라고 여겼던 사람들의 애매한 언동(몸을 던져 니체의 편을 들어주지 않는 공리적 태도)에 상처투성이가 된 니체는 그들에게 배신당했다고 생각했다. 그래서 그는 눈물을 닦으며 홀로 살아갈 수 있는 강인함을 얻으려 했던 것이다.

예전 친구들은 학회에서 범죄자 취급을 당하는 니체로부

터 미묘하게 거리를 두기 시작했다. 그 가운데는 확실히 멀어진 사람도 있었다. 그들은 결코 니체라는 단단한 껍데기 안쪽에 있는 달콤한 열매를 맛보려 하지 않았다. 대신 그 껍데기가 이 하나쯤은 부러트릴 수도 있다는 점을 눈치채고 도망치는 쪽을 택했다.

그게 아니라는 목소리도 들려왔지만 니체는 몸과 마음을 다해 그렇게 믿고 싶었다. 사르트르 식으로 바꿔 말하자면 그는 목숨을 걸고 자기기만을 관철하고자 했던 것이다.

니체의 다정함

앞에서도 잠시 언급했는데, 니체를 읽으면 그 천둥소리 같은 강한 발언 사이로 문득 의외의 다정함이 흘러나오는 경우가 있다.

완전히 무장한 옷 안쪽에 매우 상처받기 쉬운 부드러운 살이 만져진다고나 할까. 매우 상처받기 쉽기 때문에 무리해서라도 단단한 자세를 유지하지 않으면 살아남을 수 없다는, 소년 같은 갸륵함이 빤히 보이는 것이다. 거지에 대한 니체의 태도에서도 그런 일면이 드러난다.

거지 – 그들은 금지되어야 할 존재다. 거지에게는 줘도 화나고, 안 줘도 화나기 때문이다.

『아침놀』

거지들은 남김없이 내쫓아버려야 한다! 참으로 그들에게는 줘도 화나고, 안 줘도 화난다.

『차라투스트라는 이렇게 말했다』 제2부, 「동정하는 자들에 대하여」

위 구절을 주의 깊게 읽으면 니체가 단순히 거지를 내쫓고 싶어 하는 게 아니라는 사실을 알 수 있다. 그는 거지에게 안 줘도 화나는 사람이다.

다시 말해 그는 매우 섬세한 신경의 소유자라서 태연하게 거지를 무시하고 지나칠 수 없으며, 거지에게 돈을 주지 않으면 뒷맛이 쓴 것이다. 거지의 오만하기 짝이 없는 요구는 구역질이 날 정도지만 거부하는 것도 뒤가 켕긴다.

그는 거지가 자기에게 당연하다는 듯 돈을 요구해서 화나는 게 아니라, 평소 갑옷 속에 애써 숨겨둔 자신의 다정함을 직시하게 만들기 때문에 화나는 것이다. 니체가 보이는 동정에 대한 혐오감은 의아할 정도로 강한데, 거지에 대한 그의 애매한 태도 속에 그 비밀의 한 부분이 숨어 있는 듯하다.

니체가 이렇게까지 동정을 적대시했던 이유는 자기에게 타인을 쉽게 동정하는 면이 있다는 점을 인정하기 때문이 아닌가? 동정을 바라는 자를 무시하지 못해서, 툭하면 동정을 요구하는 수많은 시선에 너덜너덜해지는 남자여서가 아닌가?

니체는 표면적으로는 쉽게 동정을 바라는 사람을 매도하는 듯하지만, 실은 그들의 인간적 긍지를 소중히 여기고자 한다. 남에게 달라붙지 말고 자신의 발로 단단히 서기를 바란다. 이야말로 진정한 사랑이다. 게다가 약자를 내버리는 오만불손한 사랑이 아닌, 약자에게 다정한 눈길을 주는 사랑이다.

특히 다음 부분에서 우리는 차라투스트라의 입을 빌린 니체의 다정함과 심약함에 깜짝 놀라게 된다.

> 내가 동정해야 할 경우에도 나는 동정심 깊은 자라는 말을 듣고 싶지 않다. 그리고 내가 동정해야 할 때는 멀리 떨어져서 동정하고 싶다. 사실 나는 그 사실이 알려지기 전에 얼굴을 가리고 도망가고 싶다.
>
> 『차라투스트라는 이렇게 말했다』 제2부, 「동정하는 자들에 대하여」

그(차라투스트라의 입을 빌린 니체)는 동정해야 할 경우(이를 뿌리치지 못하는 점에서 심약함이 드러난다), 동정받는 자가 고개를 들어

'아, 저 사람이 도와줬구나!'라고 눈치채기 전에 얼굴을 가리고 도망가고 싶은 것이다. 이 얼마나 다정한가!

내 눈의 눈물과 내 마음의 솜털은 어디로 가버렸단 말인가?
아, 베푸는 모든 자의 고독이여!

『차라투스트라는 이렇게 말했다』 제2부, 「밤의 노래」

조금의 망설임도 없이 베풂(동정)을 얻으려는 사람을 만나면, 예전의 차라투스트라는 그 애처로움에 눈물이 흘러넘쳐 자신의 섬세한 마음(의 솜털)에 떨림이 멈추지 않았다. 그런데 지금은 가는 곳마다 뻔뻔하게도 베풂을 요구하는 무리들뿐이라서, 이제 눈물도 마르고 마음의 동요도 없어졌다 한다. 아, 이 얼마나 다정한가!

6장

착한 사람은
원 한 을
품 는 다

강한 자의 약한 곳, 고귀한 자의 너무도 부드러운 곳. 기생충은 그 속에 구역질 나는 둥지를 튼다. 기생충은 위대한 자의 조그만 상처 부위 구석구석에 사는 것이다.

도덕의 기원

니체는 다음과 같이 날카롭게 통찰했다. 어떤 일이 '도덕적으로 바람직하다'는 점을 (칸트의 말처럼) 이성에 호소하여 인식시키기란 불가능하다. 사람들을 도덕적으로 만들려면 사정없이 채찍을 휘둘러 있는 힘껏 몸에 주입시키는 수밖에 없다. 즉, 비도덕적 강제가 필요하다.

도덕적으로 변하는 것은 도덕적이기 때문이 아니다 – 도덕에 대한 복종은 군주에 대한 복종과 마찬가지로 노예적일 수도 있고, 잘난 척, 이기심, 체념, 음울한 열광, 사려 없음, 절망적인 행위가 될 수도 있다. 그것은 그 자체로서는 전혀 도덕적이지 않다.

『아침놀』

이런 사상을 표명한 문구는 『권력에의 의지』 305절에서 311절에 걸쳐 집약되어 있다. 예를 들면 이런 구절이다.

도덕적 이상의 승리는 모든 승리와 마찬가지로 비도덕적 수단에 의해, 즉 폭력과 거짓말, 비방, 불공정에 의해 획득된다.

착한 사람이란 도덕적 규정을 그대로 믿는 사람인데, 바꿔 말하자면 그들은 이러한 도덕의 비도덕적 기원에 대해 눈을 감을 수 있는 무리다. 자신이 속한 공동체의 색깔이 자기에게 안전한 보호색이므로, 각각의 사회적 규정이 어떻게 생겨났는지에 대해서는 전혀 관심을 두지 않는다.

기독교의 역사는 이 점을 더없이 선명하게 드러낸다. 바람직한 일이라면 압도적인 군사력을 바탕으로 대량 살육도 서슴없이 자행되는 방식으로 실현되어 왔다. 따라서 니체는 당시로서는 예외적이게도 거침없이 이렇게 말한다.

사양 않고 말하겠다! 십자군은 고등 해적, 그 이상의 무엇도 아니다!

『안티크리스트』

수많은 일본인이 60년 전에 이 사실을 쓰라리게 체험하지 않았던가! 맥아더가 점령했던 시대,(그들이 생각하는) 바람직한 일은 결코 일본에서 도덕적으로 일어나지 않았다. 자유는 우리가 자유롭게 쟁취하지 않았다. 평등은 우리에게 평등하게 주어지지 않았다. 민주주의는 민주적으로 실현되지 않았으며, 평화는 평화적으로 이루어지지 않았다. 모든 것이 일방적이고 위협적으로 일본 국민에게 강요되었다.

니체와 르상티망

앞 장에서 확인했듯 니체의 강함은 인공적인 구조물이다. 그는 보통 사람보다 더 약해지기 쉬운 남자다. 아무리 강함을 찬미하고 약함을 헐뜯어도 니체는 자신의 나약함을 뿌리 뽑을 수 없었다. 그는 이 점에 대해 원한에 가까운 짜증을 느꼈다.

작렬하는 그의 언어는 본디 약한 자신을 억지로 훈련시켜 강하게 만들려는 애처로움으로 가득 차 있다. 정신병리학자 랭Ronald David Laing의 말을 빌리자면 '찢어진 자기 자신'이 내지르는 비명인 것이다.

이런 가정은 무의미하겠지만(왜냐하면 그것은 니체가 아니니까), 니체가 타인과 좀 더 사랑하고 신뢰하는 관계를 만들 수 있었다면 그는 자신의 나약함을 직시하며 그것을 천천히 꽃피웠을지도 모른다.

그는 다소 통통했으며 동작도 둔했고, 거의 실명의 위험이 있을 정도로 근시여서 두꺼운 안경을 썼다. 여러 친구와의 영원한 우정을 바랐지만 이루어지지 않았고 여성에게는(남자로서) 무시당했으며 매춘 업소에서만 성적 만족을 얻었고 그 결과 매독에 감염되기까지 했다.

어린 나이에 바젤 대학의 교수로 초빙되었으나 학회의 규정을 무시한 처녀작을 발표해 학회에서 영구 추방에 가까운 취급을 받았다. 대학 교수직도 지켜내지 못했고, 젊은 시절 간질 발작으로 고통받았다. 영원히 계속되는 두통, 진행성 매독으로 인한 몸의 변화, 무엇보다도 광기에 대한 두려움…….

니체는 자기 이상 불행한 남자도 없다고 여길 정도로 불행했다. 그는 어떻게 해서든 이 불리한 상황을 유리하게 바꾸려 했다. 그러려면 기교적인 책략을 꾸미는 수밖에 없었다.

곰곰이 생각해보면, 니체가 그렇게나 혐오했던 유대교와 기독교의 책략을 니체만큼 똑같이 모방한 사람도 없다. 그는 유대교와 기독교로부터, 특히 사도 바울로부터 모든 불리한 상황을 유리하게 전환시키는 교활한 책략을 배웠다.

자신을 좀먹는 여러 겹의 불행, 그 상황을 유리하게 바꾸기 위해서는 유대인이 그러했듯 선악의 좌표계만 바꾸면 되었다. 세상 사람들이 나쁜 것으로 여기는 모든 것은 마법의 지팡

이만 휘두르면 좋은 것으로 바꿀 수 있다.

유대교와 기독교가 세계를 지배하는 동력인 르상티망은 니체 자신이 살아가는 동력이기도 했다. 니체만큼 르상티망이 강한 철학자는 없었다. 그의 인생은 르상티망으로 완전히 물들어 있었다. 그러므로 그는 르상티망을 자세히 이해하고 그 비열함을 뼈저리게 실감할 수 있었다. 몸서리칠 정도로 혐오할 수 있었다.

니체의 르상티망은 토마스 만의 소설 『토니오 크뢰거』의 주인공 토니오가 자신의 지적 우월감을 바탕으로(또 다른 등장인물인 한스나 잉에보르크 같은) 행복하고 단순한 사람들에게 품는 여유로운 르상티망이 아니었다. 그보다는 자신보다 강하고 현명하고 아름답고 매력적인 남자들에 대한 직선적인 르상티망이었다. 니체는 자신이 그런 선택된 남자 중 하나가 아니라는 사실을 뼛속 깊이 알고 있었던 것이다.

너무도 단순한 학자 비판

특히 그가 학자를 비판하는 말은 전부 르상티망의 울림으로 가득 차 있을 정도로 순수하다.

> 다만 바라건대 나의 형제들이여, 개들을 위협해서 그의 주변에서 쫓아버려라. 살금살금 걷는 저 게으른 개들을, 또한 저 우글거리는 모든 구더기를. 교양 있는 자라는 이름의 우글거리는 모든 구더기를. 이런 구더기는 모든 영웅의 땀을 즐긴다!
> 『차라투스트라는 이렇게 말했다』 제3부, 「낡은 서판과 새로운 서판에 대하여」

이 단순하기 짝이 없는 교양 있는 자, 즉 학자에 대한 비판은 어떠한가? 귀를 기울이면 가축 무리에 대한 비판과는 확연히 다른 르상티망의 울림이 들린다. 영웅이란 호메로스, 알렉산더 대왕, 괴테를 뜻하며, 학자들은 이 영웅들의 사체에 몰려드는 구더기다. 구더기가 살아가려면 연구의 대상인 사체가 필요한 법이니까.

> 기생충, 이것은 벌레, 기어 다니는 벌레로 그대들의 병들고 상처 난 곳 구석구석에 달라붙어 살을 찌우려 한다. 그리고 올라가는 수많은 영혼이 피로해지는 부분을 알아맞히는 것, 이것이 기생충의 재주다. 그대들의 원한과 불만 속에, 그대들의 민감한 수치심 속에 기생충은 그 구역질 나는 둥지를 튼다. 강한 자

의 약한 곳, 고귀한 자의 너무도 부드러운 곳. 기생충은 그 속에 구역질 나는 둥지를 튼다. 기생충은 위대한 자의 조그만 상처 부위 구석구석에 사는 것이다.

『차라투스트라는 이렇게 말했다』 제3부, 「낡은 서판과 새로운 서판에 대하여」

학자는 어떤 영웅에 대해서든 무언가 문제를 제기해야만 한다. 즉, 영웅의 병들고 상처 난 곳 구석구석에 달라붙어 살을 찌우려 하는 것이다. 그러므로 논문의 재료가 되는 부분, 즉 올라가는 수많은 영혼이 피로해지는 부분을 알아맞히는 것이 기생충의 재주가 된다.

니체는 그런 학자들의 모습에 얼마나 분통을 터트리고 있는가! 얼마나 정교한 언어로 그 비열함을 강렬하게 표현하고 있는가!

니체는 틀림없이 그를 비난하며 멀어져간 학자들을 구더기나 기생충이라고 여겼을 것이다. 하지만 구더기나 기생충이라면 온몸으로 경멸하며 내버려두면 되지 않은가? 그저 멀리 떨어지면 되지 않은가? 온몸을 긁는 듯한 학자에 대한 이 혐오감의 정체는 도대체 무엇인가?

그것은 의심할 여지없이 자신도 그들과 동류이기 때문에 느끼는 감정이다. 동시에 자신을 버리고 레와 도망간 루 살로메의 경우에서도 그러했듯 결코 공공연하게 싸우지 않는(싸울 수 없는) 겁 많고 비겁한 자신에 대한 짜증이기도 할 것이다.

몸을 던져
싸우지 않는 남자

여기서 밝혀두어야 할 사실은 학창시절의 니체는 고전문헌학자가 되는 일에 조금의 망설임도 느끼지 않았다는 점이다. 교수의 평가도 좋았고 자기 안에 넘쳐흐르는 재능도 느꼈을 것이다. 그리고 그 사실을 증명하듯 운 좋게도 어린 나이에 바젤 대학의 교수로 초빙되었다. 그는 이 점을 훗날까지 자랑스러워했다.

또 부르크하르트Jacob Christoph Burckhardt*나 스트린드베리August Strindberg** 등 참된 지식인에게는 매우 쉽게 경의를 표했다. 니체는 처음부터 학자를 싫어했던 것이 아니었다.

그러므로 교수 취임 3년 뒤에 출간한 『비극의 탄생』이 고전학자가 해서는 안 되는 실수라며 학회가 그를 따돌린 일은

---

* 스위스의 미술사와 문화사를 연구한 역사가.
** 스웨덴의 극작가이자 소설가.

완전히 예상 밖이었다.

이 책에 대한 신경질적인 반응에는 배경이 있었다. 박사 학위가 없었던 젊은 니체를 바젤 대학 교수로 전격 발탁한 사람은 그의 스승 리츨Friedrich Ritschl이었다. 리츨은 본 대학에서 동료인 얀Otto Jahn에게 대학 인사 문제로 모욕을 당했고, 이에 항의하며 라이프치히 대학으로 적을 옮겼다.(니체도 이때 스승을 따라 라이프치히 대학으로 갔다.)

리츨은 니체를 높이 평가했지만, 교수로 적격인 얀의 제자들을 건너뛰고 자신의 애제자를 발탁한 데는 얀에 대한 복수의 의미도 들어 있었다. 게다가 정치 감각이 둔했던 니체는 『비극의 탄생』에서 간접적으로 얀을 비웃는 문장을 끼워 넣었다. 이런 상황 속에서 출간된 『비극의 탄생』은 우선 학회에서 완전히 무시당했고(스승인 리츨에게조차!), 4개월 뒤에는 얀의 수제자 빌라모비츠Wilamowitz-Moellendorff에게도 철저하게 공격받았다.

그러나(이 부분이 몹시 중요한데) 니체는 충격으로 의욕을 잃으면서도 어떤 형태로든 표면적인 반론을 펼치지 않았다. 로데Erwin Rohde를 비롯한 주위 사람들이 안달할 정도로 "녀석들은 아무것도 모르니까"라는 태연한 태도를 계속 취했다.

이 뜻밖의 처사는 온몸이 욱신거릴 정도로 강력했다. 스승 리츨조차 니체의 편을 확실히 들어주지 않았다. 당시의 니체는 머리가 마비되고 판단이 정지되었으며 기가 막혀서 망연자실한 상태였을 것이다. 지금 자기 주위에서 일렁이는 이 모든 것은 무엇인가? 뭔가 잘못된 게 아닌가?

그러나 (몇 년이나 지난 뒤에) 차츰 안개가 걷히자 추악한 광경이 보이기 시작했다. 이 모든 것은 비열한 학자들의 비열한 책략 탓이다! 결코 용서할 수 없다! 죽을 때까지 저주해주마!

약하고 둔한 남자의 전형적인 반응이다. 구태여 말하자면, 계집애 같은 반응이라고도 할 수 있다.

패배자의 욕설

니체의 학자 매도는 초기작부터 『차라투스트라는 이렇게 말했다』에 이르기까지 계속된다. 특히 『차라투스트라는 이렇게 말했다』 제2부의 「학자들에 대하여」에서 니체는 문헌학자의 추악한 모습을 장황하게 묘사한다. 조금 길지만 인용해보겠다.

그들이 현자인 척하면 나는 그들의 갖가지 하찮은 잠언과 진리에 한기를 느낀다. 그들의 지혜는 마치 수렁에서 나온 듯한 악취를 종종 풍긴다. 그리고 나는 정말로 개구리가 이 지혜 속에서 개굴거리는 소리조차 들었다!

그들은 노련하다. 그들은 요령 좋은 손가락을 가지고 있다. 그들의 복잡함에 비하면 나의 단순함이란 무엇이란 말인가! 그들의 손가락은 실을 꿰고 뜨개질을 하며 옷감을 짜는 법을 터득했다.

그들은 이렇게 정신의 양말을 만드는 것이다!

그들은 잘 만들어진 시계 장치다. 오직 그들의 태엽을 올바르게 감도록 주의하기만 하면 된다! 그러면 그들은 충실하게 시각을 알려주면서 조심스럽게 소음을 낸다.

그들은 물레방아나 절굿공이처럼 일한다. 그들에게 우리가 수확한 낟알을 던져주기만 하면 된다! 그들은 낟알을 잘게 빻아 흰 가루로 만드는 기술을 훤히 알고 있다.

그들은 서로를 자세히 감시하며 상대를 그다지 믿지 않는다. 창의성이 풍부한 그들은 갖가지 비열한 술책을 부리며 마비된 다리로 걷는 듯한 지식의 소유자들을 거미처럼 기다린다.

나는 그들이 언제나 조심스레 독을 조제하는 모습을 보았다. 그때 그들은 항상 그 손가락에 유리 장갑을 끼고 있다.

그들은 또한 가짜 주사위로 노름하는 방법도 안다. 나는 실제로 노름하며 땀을 흘릴 정도로 그들이 열중해 있는 모습을 보았다.

『차라투스트라는 이렇게 말했다』 제2부, 「학자들에 대하여」

어떤가? 니체는 바그너를 포함하여 자신에게서 멀어진 친구들에게는 좀 더 함축적이고 어른스러운 비판을 했다. 반면 이 학자 비판은 정말로 2채널에 올라오는 글처럼 천박하고 저속하다.

당시 대학의 고전어 교수들은 분명 이런 경향이 강했을 것이다. 그렇다 해도 이런 천박한 험담의 나열만으로는 바젤 대학과 학회에서 배척당한 패배자의 욕설로밖에 들리지 않는다. 니체는 그렇게 들리는 것이 말이 지닌 힘을 뚜렷이 깎아 없앤다는 사실을 몰랐을까? 몰랐다면 글을 쓰는 사람으로서 너무도 단순하고 미련하며 무지한 것 아닌가?

니체는 "나는 지지 않았다"라는 선언이 오히려 자신의 패배를 드러내는 인간심리의 역학을 몰랐다. 자신을 높이려는 행동이 오히려 자신을 가장 낮추는 잔혹한 효과를 발생시킨다는 사실을 몰랐다. 이는 지나치게 단순한 타인 공격이며, 그 배후에는 몹시 노골적인 자화자찬이 숨어있다.

나는 젊은 시절 이런 니체의 단순함(멍청함이라 해도 좋다)을 견딜 수 없었다. 남에게 내민 칼끝이 빙그르르 돌아와 자신을 향해 있다는 점을 눈치채지 못하는 그 둔감함("나는 훌륭하다!"고 한결같이 외치는 남자의 어리석음이라 해도 좋다)이 비참하면서도 야비하게 느껴졌다.

개구리의 원근법

니체에게 유일한 구원은 트립셴Tribschen에 머물던 바그너 Richard Wagner와 코지마Cosima Wagner, 그리고 그 추종자들이 『비극의 탄생』을 일단 칭찬해준 일이었다. 당시 니체의 사면초가를 생각해보면 그는 정말로 이 칭찬에 어떻게든 매달리고 싶었을 것이다.

역시 자신은 옳았다. 저 천재 바그너가 직접 인정했으니까. 그리고 역시 자신을 내친 대학 사람들이 틀렸다. 아니, 그들은 안전만을 추구하는 무해하고 무능한 무리였다. 그리고 자신은 녀석들과는 격이 다른 고등 인간이다.

이런 자기 좋을 대로의 도식이 그의 내면에서 순식간에 만들어졌다. 예전에 자신을 깎아내린 학자들은 개구리다. 그들의 시야 구조는 "어쩌면 한쪽 구석에서 바라본 원근법, 경우에 따라 아래쪽에서 올려다본 원근법, 즉 화가들이 잘 아는 표현을 빌리자면 개구리의 원근법이 아닌가?"(『선악의 저편』) 그들은 니체가 너무 위쪽에 있어서 참을 수 없었던 것이다.

> 내가 그들과 같은 곳에 살 때 나는 그들의 위에서 살았다. 그래서 그들은 나를 원망했다. 그들은 결코 누군가가 자기들 머리 위를 걷는 소리를 듣고 싶어 하지 않았다. 그래서 그들은 나와 그들 사이에 나무와 흙과 오물(이라는 방음벽)을 두었다.
>
> 『차라투스트라는 이렇게 말했다』 제2부, 「학자들에 대하여」

니체는 『비극의 탄생』 출판으로 시작된 굴욕의 충격에서 일어서지 못한 채 대학에 사표를 냈지만 거절당하고, 병으로 강의도 자주 쉬며 그로부터 칠 년 뒤에 퇴직한다. 그는 십 년도 더 지난 뒤에 당시의 굴욕적인 심정과 분노를 저서 『차라투스트라는 이렇게 말했다』에서 암호 같은 표현으로 드러냈다.

> 그리고 내가 나의 가장 신성한 것까지 제물로 바쳤을 때, 그대들의 경건함은 그 옆에 곧바로 번드르르한 갖가지 공물들을 바쳤다. 그래서 나의 가장 신성한 것까지 그대들의 기름에서 나

오는 연기로 질식했다.

『차라투스트라는 이렇게 말했다』 제2부, 「무덤의 노래」

이 부분은 성서의 창세기에 나오는 카인과 아벨의 이야기가 밑바탕에 깔려 있다. 형인 카인은 신에게 곡물을 바치고 동생인 아벨은 동물을 바친다. 신은 아벨의 공물을 좋아했고 카인의 공물을 싫어했다. 그래서 카인은 질투심에 불타 아벨을 죽여버렸다.

니체는 카인이고 다른 문헌학자들은 아벨이다. 니체는 『비극의 탄생』이라는 가장 신성한 것을 바쳤으나 다른 문헌학자들은 결함 없고 단조로운 그리스 연구를 바쳤다. 그리고 신(주임교수와 학회의 장로)은 니체의 영혼의 절규 같은 공물을 싫어했고,(아벨의 공물 같은) 학회의 시류에 맞춘 진부하고 번드르르한 공물을 좋아했다.

상당히 교묘한 비유이긴 하나 이런 방식으로는 절대 굴욕이 사라지지 않는다. 본인과 얼굴을 맞대고 항의하거나 (키르케고르가 실천했듯) 공개적인 지면에서 당당하게 대결하는 것이야말로 진정 남자다운 전사의 태도다.

그러지 않았던 니체는 누가 뭐라 해도 자신의 패배를 인정했던 것이다. 더 날카롭게 말하자면 니체의 마음속에는 여전히 대학 교수직에 대한 갈망과 존경이 있었으므로 이길 가망이 없는 싸움이었다고도 할 수 있다.

1889년 1월 광기에 빠지기 직전의 니체가 예전 동료인 부르크하르트에게 보낸 편지는 너무도 솔직해서 눈물이 절로 난다.

> 삼가 아룁니다. 결국 저는 신이기보다 바젤 대학의 교수이기를 훨씬 더 바랍니다.

니체는 동성애자인가

니체는 자신의 지성에 대해서는 확고한 자신이 있었다. 그러나 자신에게 강함과 아름다움과 건강이 주어지지 않았다는 사실 역시 충분히 자각하고 있었다.

즉, 니체는 미시마 유키오처럼 자신의 신체가 자신의 이상과 동떨어져 있다는 사실을 알고 있었을 것이다. 그리고 이상적인 신체를 가진 사람을 존경하기까지 했을 것이다.

니체는 이런 말도 했다.

키케로는 그것에 관해 놀라워했지만, 키케로의 시대에 아테네
에서는 남자나 청년이 여자보다 훨씬 아름다웠다.

『우상의 황혼』

요아힘 쾰러Joachim Köhler는 이런 모든 점을 바탕으로 니체를 동성애자로 몰고 가기 위해 온갖 노력을 다했지만 아무래도 그것은 억측으로 끝날 듯하다.

청년 무렵부터 플라톤의 『향연』을 즐겨 읽었다 해서 무엇이 어떻단 말인가? 이 플라톤 최고의 걸작을 좋아한다는 이유로 동성애자라 한다면 세상의 그리스 철학자 대부분이 동성애자가 될 것이다. 또 시칠리아 섬에 가서 소년들의 아름다운 나체에 넋을 잃었다는 이유도 진부한 발상이다. 그런 미의식은 얼마든지 존재하기 때문이다.

바그너와의 관계는 정말로 연애 그 자체였다. 그러나 이는 완전히 플라토닉한 관계였다고 봐도 좋다. 요아힘 쾰러는 니체의 동성애적 경향을 뒷받침하는 증거로 라이프치히 대학 시절 미청년 로데와의 농후한 우정을 예로 들었다. 그러나 이해력이 부족하다는 것은 바로 이 경우를 두고 하는 말이다.

분명 두 사람은 마치 진짜 연인처럼 서로 사랑했다. 잠시도 떨어져 있고 싶지 않을 정도로, 상대에게서 멀어지면 병에

걸릴 정도로. 니체가 바젤 대학 교수로 초빙되었을 때 로데는 비통한 연심을 토로했다. 니체도 마음의 공허를 채우기 위해 그를 불러들이려 했다.(잘 되지 않았지만.)

그러나 종합적으로 판단했을 때 그들 사이에는 조금의 성적 관계도 없었다. 두 사람은 동성애를 강렬하게 혐오하는 문화권 속에 몸을 푹 담그고 있었으며, 자신들의 영웅적이고 신사적인 우정을 그런 추잡한 성욕으로 더럽히고 싶지 않다고 여겼던 듯하다.

로데뿐만이 아니다. 훗날의 레와 오버베크Franz Overbeck, 페터 가스트Peter Gast(셋 다 상당한 미남이다) 등 니체는 남자 친구들과도 걸핏하면 연애와 비슷한 관계에 빠졌다.

니체는 상대에게 사랑한다는 말을 끊임없이 던지며 언제나 함께 여행을 갔고, 항상 상대를 독점하려 했으며, 상대가 다른 남녀와 친하게 지내면 맹렬히 질투했다. 그러나 그는 상대에게 어떤 성욕도 품지 않았다.

심층 심리학적으로 보자면 니체는 상대의 육체를 원했으나 그 욕망을 억압했을 수도 있다. 그러나 이 역시 어차피 하나의 피상적인 해석일 뿐이다.

바그너와의 결별

니체의 성적 취향에 관해서는 그가 코지마의 저속한 취미의 희생양이었다는 요아힘 쾰러의 가설이 한결 신빙성이 있는 것 같다.

서른 살이 넘은 니체에게서 여자의 그림자조차 보이지 않자 코지마는 니체가 '수음 상습자'가 아닌지 의심했다. 이 말은 당시 범죄로 여겨졌던 동성애자라는 뜻이다.

바그너는 코지마와 짜고 니체에게 여러 명의 여성을 소개하여 결혼시키려 했으나 니체에게는 전혀 그럴 마음이 없었다. 이에 의심이 깊어진 바그너는 니체도 때때로 진단해주었던 주치의 오토 아이저Otto Eiser에게 니체로부터 그 부분을 들춰내어 자신에게 보고하도록 지시했다. 아이저는 "그런 혐의가 농후하다"라는 보고서를 바그너에게 제출했다.

나중에 이 사실을 안 니체는 격노하여 바그너와의 교제를 끊는다. 그리고 이것이 그 직후부터 끝없이 이어지는 바그너 비판의 핵심인 속물근성 비판의 요점이 되었다.

그러나 아무리 니체라도 이 일을 공문서로 고발할 수는 없었다. 그러면 오히려 자기에게 피해가 돌아올 것을 꺼렸을 수도 있고, 어쩌면 자신이 수음 상습자라는 자각이 어렴풋이 있었을지도 모른다.

니체의 행동을 종합적으로 판단해보건대 그는 소위 말하는 동성애자는 아닌 듯하다. 대부분의 여성 혐오자는 동성애자가 아니다. 다시 정의定義의 문제가 되지만, 그는 쇼펜하우어와 마찬가지로 여자의 정신성(의 결여)을 격렬히 혐오했으나 여자에 대한 성욕은 상당히 왕성했다.

그렇다면 정신이 열등한 여자를 욕망하는 자신을 혐오해야겠지만 니체는 그렇지 않았다. 고전적인 여성 멸시 그대로, 성적으로 자신을 유혹하는 여자를 두려워하면서도 혐오했다.

바그너와의 극적인 만남을 생각해보면 니체가 나중에 바그너에게서 멀어진 이유도 알 만하다. 니체는 바그너에게 자신의 구세주 역할을 원했다. 이 때문에 약간의 결함도 용서하기 어려웠던 것이다.

특히 그는 바그너가 생애의 꿈을 걸었던 바이로이트 Bayreuth 축전극장에 엄청난 환멸을 느꼈다.

극장이 나와 무슨 상관이 있는가? 민중(민중이 아닌 자가 있는가!)이 만족하는 극장이 주는 도덕적 기쁨의 경련 따위가 무슨 상관이 있는가! 배우의 모든 요사스러운 몸짓 따위가 무슨 상관이 있는가!

(중략) 극장에서 사람은 민중, 가축의 무리, 부녀자, 바리새인, 구경꾼, 보호자, 백치가 되어 바그너주의자가 된다.

『니체 대 바그너』

바이로이트 축전극장의 진실이 밝혀짐에 따라 니체는 사람을 가축의 무리로 만드는 극장이라는 물건에 커다란 반감을 느꼈다. 게다가 줄지어 앉은 왕후귀족에게 납죽 엎드려 아첨하는 바그너가 속물의 화신처럼 보였을 것이다.

그러나 조금 더 통찰력을 발휘해서 생각해보면, 이때 니체는 바그너가 트립셴에서 둘도 없는 친구처럼 여겼던 자신을 거들떠보지도 않았다는 점에도 실망했을 것 같다. 버려진 돌처럼 홀로 고개를 숙이고 극장을 나서는 니체는 격렬한 굴욕감에 휩싸였던 것이다.

니체에게는 남에게 기대하는 사람의 공통점인 잔혹함과 속 좁음(방자함)이 있었다. 예전에 자신이 신처럼 우러르던 바그너는 더 이상 없다. 이제 고고한 바그너는 민중에게 아첨하는 어릿광대가 되어버렸다! 니체는 그런 바그너를 버리기로 결심했다.

그렇다 해도 이는 인간관계를 사상으로만 파악하려 하는

니체 연구자(와 니체 자신)의 착각이다. 앞서 살펴보았듯 바그너에게서 멀어진 진짜 원인은 니체의 성적 취향과 관련된 바그너의 비열한 태도에 대한 분노 때문이라고 생각하는 편이 훨씬 현실성 있다.

바그너와 결별함으로써 니체는 결정적으로 인간 불신에 빠졌다. 같은 시기에 로데를 비롯한 친구들도 차례로 결혼해서 니체로부터 물러나게 되었다. 그렇게 좋아했던 레와 루 살로메도 베를린으로 떠났다.

예전의 친구들도 니체가 일찍이 보였던 천재적인 섬광이 불온한 구름으로 가려지고 있는 점을 눈치챘다. 이미 니체에게서 따라갈 수 없는 요소를 느꼈을 것이다.

로데는 『선악의 저편』을 읽은 뒤 오버베크에게 보낸 편지에서 다음과 같이 니체를 철저하게 부정했다.

> 나는 대부분 커다란 불만을 느끼며 읽었습니다. (중략) 전부 구역질이 날 정도로 불쾌했습니다. 그중 본연적이며 철학적인 것은 지극히 빈약하고 유치하며, 정치적인 것은 어리석고 세상을 모르는 사람의 견해였습니다. (중략) 모두 건방진 착상입니다. 저는 이제 이 끝없는 탈바꿈을 진지하게 받아들일 수 없습니다. (중략) 그것은 매우 지혜롭긴 하지만, 본연적으로 바라는 것

에 대해서는 무능력한 천성의 표현입니다. (중략) 이런 천성이 아무짝에도 쓸모없는 것은 당연한 이치입니다. (중략) 또한 그것은 불쾌하며, 무엇보다 결국 이 단순히 공감할 뿐인 정신으로 인해 아무 데나 바깥을 엿보는 불임증에 의한… (중략) 저자의 무서운 공허함… (중략) 한 번쯤 진지하게 장인처럼 꾸준히 일하는 것이 그에게 필요합니다.

카를 야스퍼스, 『니체』

그러나 오버베크는 마지막까지 니체를 떠나지 않았다. 그리고 니체 곁에는 충실한 하인처럼 페터 가스트가 끝까지 남아 있었다.

엘리자베트 니체

니체의 인간성을 탐구할 때 그의 여동생 엘리자베트를 빼놓을 수는 없다. 니체의 아버지는 경건한 목사였는데 아들에게는 바이에른 국왕과 같은 프리드리히라는 이름을, 2년 뒤에 태어난 딸에게는 바이에른 왕비와 같은 엘리자베트라는 이름을 붙였다.

엘리자베트는 특히 오빠가 광기에 빠진 다음부터 죽을 때까지 10년 동안 훌륭한(?) 활약을 펼쳤다. 어린 시절의 사진을 보면 그녀는 오빠와 매우 닮았고, 미인은 아니지만 자그마하고 귀여운 여성이었다.(아래 내용은 주로 벤 매킨타이어Ben Macintyre의 『엘리자베트 니체를 찾아서』를 참고했다.)

그녀는 당시로서는 상당히 늦은 나이인 서른여덟 살 때 김나지움 교수이자 광신적인 반 유대주의자인 베른하르트 푀르스터Bernhard Förster와 결혼했다. 니체는 이 반유대주의자를 싫어해서 결혼식에 참석하지 않았다. 푀르스터는 반유대주의를 실천하기 위해 '유대인에게서 가장 먼' 남미 파라과이에 '게르마니아'라는 순수 독일인의 이상향을 건설하려 했다.

그 계획에 보기 좋게 실패한 뒤 엘리자베트는 귀국했는데, 그때 니체에게는 광기가 덮쳐오고 있었다. 그녀는 오빠를 천재로 믿어 의심치 않았기에 그를 사람들의 눈이 닿지 않는 방에 가둔 채 페터 가스트조차 물리치며 만년의 니체를 독점적으로 관리했다.

지금까지 오빠가 쓴 저작에서 천재성에 금이 가는 부분을 전부 지우고, 지금까지 오빠가 보낸 편지를 모두 거둬들여(코지마만은 이를 거부했다 한다) 오빠에게 불리한 부분은 몽땅 고쳤다.

어린아이가 엄마에게 매달리듯 등을 구부리고 얼빠진 눈

으로 엘리자베트를 의지하는 니체의 사진이 남아있다. 엘리자베트는 오빠의 얼굴에 뺨을 대고 등을 어루만지며 싸움 끝에 미쳐버린 오빠를 천재로 만들어낼 결심을 하는 듯 보인다.

이렇게 니체가 모르는 곳에서 여동생은 그를 천재로 만들어냈다. 그 대표적 성과가 그녀가 편집하여 출판한 『권력에의 의지』다. 그녀는 직접 오빠의 전기를 써서 당시 독일 문학계의 거장이 되었고, 두 번이나 노벨 문학상의 후보에 올랐다고 하니 놀라울 따름이다.

그녀는 히틀러가 정권을 장악한 이후 적극적으로 히틀러에게 접근하여 니체를 괴테와 비견되는 독일 문학의 상징적 존재로 치켜세우려 했다. 히틀러가 준 막대한 자금으로 바이마르에 니체 기념관을 세웠으며 죽을 때까지 엄청난 연금을 받았다. 게다가 그녀의 장례식은 히틀러도 참가하여 국장처럼 화려하게 거행되었다.

독일어에 도플갱어doppelgänger라는 단어가 있다. 언제나 자기 곁에 있으며 자기와 함께 걸어가는 자라는 뜻이다. 굳이 번역하자면 제2의 자신, 자신의 분신이다. 또는 융의 말을 빌리자면 자각적 자신인 아니무스animus를 보완하는 무자각적 자신인 아니마anima에 해당할지도 모른다.

여동생 엘리자베트의 존재를 니체의 도플갱어로 보면 상

당히 흥미롭다. 그녀가 한 일은 아마 전부 니체의 미학에 어긋날 것이다. 그러나 동시에 니체도 속으로는 그러기를 바랐으리라는 생각을 억누를 수 없다.

니체는 학회에서 추방당했고 책도 대부분 팔리지 않았으며 친구들도 전부 그를 떠나 고독한 방랑 끝에 광기에 빠져 죽었다. 이것이 그의 만년이다. 그러나 얄궂게도 그가 광기에 빠졌기 때문에 그의 도플갱어(인 여동생)가 몰래 병실에서 빠져나와 권력자에게 접근했고, 권력자를 농락하며 바그너가 무색해질 정도로 속물적 성공을 거둘 수 있었다.

그렇게 독일을 혐오했던 니체가 만년이 다 되어 도플갱어에 의해 독일 문화의 꽃이 되어버린 일은 단순히 얄궂은 운명의 장난으로 치부할 수 없는 깊은 진실을 말해주는 듯하다.

7장

니체라는
착한 남자

가장 정신적인 인간에게만 아름다움과 아름다운 것들이 허락된다. 그들에게만 선의는 약함이 아니다. 아름다움은 소수의 것이다.

자기 개조로
강해진 남자

　니체라는 인간. 그리고 그의 말은 몹시 성실하다. 그러나 그 성실함을 뒷받침하는 것은 단순함과 둔감함이다.
　다시 말해 그의 성실함은 인간을 관찰하고 분석하여 기술하는 데는 귀신같은 솜씨를 보이지만 자기 자신에 대해서는 조금도 정확히 파악하지 못하는 일그러진 성실함이다.
　이런 남자는 자신을 영원한 피해자로 만들어낸다. 그의 성실함은 사회적 훈련이 완전히 결여되었으며 지극히 상처받기 쉬운, 순수함을 끌어안고 자폭 테러를 시도하려 하는 소년처럼 천진하고 미숙한 성실함이다.
　상대가 누구든 화살을 쏘는 니체는 자기 자신에 대해서는 철저하게 무방비했다. 그의 모든 말은 강한 척하는 소년처럼 자신의 약함을 그대로 드러내는데도 그에 대해 어떤 방어도 하지 못할 정도로 순수했다.

원래 보통 사람보다 더 약했던 남자가 정신을 거듭 단련한 끝에 자기를 개조하여 강해진 것이 니체이며, 그렇기 때문에 그가 '약자=착한 사람'을 그렇게까지 싫어했으리라는 추측을 억누를 수 없다.

어쩌면 니체는 약함에 조금이라도 경도되면 자신이 눈 깜짝할 사이에 무너지고 만다는 사실을 알고 있었기에 약함을 그렇게까지 멀리했던 게 아닐까? 니체야말로 언제나 강한 척을 함으로써 그럭저럭 자기 안의 약함에 맞서 싸울 수 있었던 게 아닐까? 바꿔 말하자면 니체는 아마도 자기 안의 약함을 엄청나게 두려워하고 겁냈던 게 아닐까?

자신에 대한 평가가 지나치게 높은 동시에 대부분의 타인으로부터 이해받지 못한다는 점을 자각하고 있는 남자가 대개 그러하듯, 니체는 오만과 자학의 극치였다.

> 나는 모든 글 중에서 사람이 자신의 피로 쓴 글만 사랑한다.
> 『차라투스트라는 이렇게 말했다』 제1부, 「읽기와 쓰기에 대하여」

피는 문자 그대로 해석해야 한다. 사람은 자기의 고유한 육체의 내부로부터 말을 꺼내야 한다는 추상적인 의미가 아니다. 니체는 칼로 자기 몸을 찌르며 글을 썼다. 일종의 자학행위였는데, 그러지 않으면 살아갈 수 없었던 것이다.

예전부터 느낀 점이지만 니체의 글씨는 연약하고 오그라들어있다.

루 살로메는 그의 인상에 대해 다음과 같이 말했다.

그는 가볍게 웃었고 말투가 온화했다. 또 그의 걸음걸이는 매우 조심스러웠으며 무언가를 생각하며 걷는 듯했다. (중략) 그는 일상생활에서 매우 예의 발랐고 거의 여자처럼 상냥했으며 늘 따스하고 침착한 마음을 잃지 않았다. 그는 고상한 교제 방식을 좋아했다. (중략) 그러나 그 가운데는 일종의 허세를 부리는 취미가 있었다.

카를 야스퍼스, 『니체』

그 외에도(야스퍼스의 재인용이라 송구스럽지만) "니체는 결코 남의 감정을 해치지 않는 성격이었다", "그가 불친절하거나 격앙된 모습을 보인 적은 없었다", "그의 태도는 조심스러웠을 뿐만 아니라 겸허하기까지 했다"라는 식의 증언뿐이다.

현실의 니체는 차라투스트라의 사나운 외침과는 정반대로 온화하고 조심스러우며 행실이 발랐고, 루 살로메의 증언이 사실이라면 오히려 여자처럼 상냥했다.

하찮은 인간들에
대한 흥미

『인간적인 너무나 인간적인』에는 니체의 섬세한 인간 관찰이 여봐란 듯 드러나 있다. 그것은 초인과는 한없이 멀리 떨어져 있는 하찮은 인간들에 대한 흥미다.

즉, 허영심으로 잔뜩 부풀어 있는 인간들, 타인과의 교제로 상처투성이가 되는 인간들에게 니체는 비판의 화살을 겨누었지만, 그것은 사실 자신의 내면에 있는 하찮음과 속물근성을 향한 것이기도 했다.

엇갈린 허영심 - 허영심이 똑같이 큰 두 사람이 만나면 그들은 나중에 서로에 대해 좋지 않은 인상을 받는다. 둘 다 자신이 상대에게 주고자 했던 인상에 정신이 팔려 있어 상대로부터 어떤 인상도 받지 못했기 때문이다. 결국 둘 다 자신의 수고가 실패했다는 사실을 깨닫고, 그때마다 상대에게 책임을 전가한다.

너무 가깝게 - 너무 가깝게 남과 함께 생활하면 훌륭한 동판화를 거듭 맨손가락으로 문지를 때와 같아진다. 언젠가 우리가 손에 들고 있는 것은 조악하고 지저분한 종이로, 이제 그 이상의 무엇도 아니게 된다. 인간의 영혼 또한 끊임없이 접하다 보면 결국은 마모된다. 적어도 결국은 그렇게 보인다. 원래의 윤곽이나 아름다움은 두 번 다시 볼 수 없다. 여자들이나 친구들과 지나치게 허물없이 교제하면 언제나 손실을 입는다. 그리고 경우에 따라 그때 자기 생애의 진주를 잃어버리기도 한다.

선천적으로 고귀한 인간은 인간의 하찮음에 대해 이 정도로 관찰하지 않는다. 이 정도로 흥미를 가지지 않는다. 니체가 하찮은 인간에 대해 이렇게까지 짜증을 내는 이유는 그들과 같은 하찮음을 자기 안에서 발견했기 때문일 것이다. 혹은 적어도 그것을 겨우 극복했기 때문일 것이다.

정신착란을 일으키기 8일 전임을 감안하더라도, 다음과 같은 문장을 쓴 니체는 그야말로 비대한 허영심을 가진 속물의 화신으로 보인다.

요즘 저는 유례없이 유명해지기 시작했습니다. 저는 그야말로 선택된 지식인들이나 높은 직무와 지위를 가진 인격자들에게만 편지를 받습니다만, 이런 편지를 받은 사람은 유사 이례 없었다는 생각이 듭니다. 온갖 곳에서 편지가 옵니다. 상트페테르부르크의 상류사회 사람들은 물론이고 프랑스인도 보냅니다! 텐Hippolyte Adolphe Taine* 씨가 보낸 편지의 어조를 당신에게도 들려주고 싶습니다!

메타 폰 잘리스Meta von Salis에게, 1888년 12월 29일

우월한 사람에 대한 비열한 태도

니체는 자존심이 엄청나게 높아 보이지만 실은 대단히 낮았다. 앞의 편지에서도 드러나듯 진짜 강한 사람에게는 몸과 마음을 바쳐 납죽 엎드리는 구석이 있었다. 또 그들과의 교제를 좀스럽게 자랑하는 면도 있었다.

그리고 나중에야 자신의 지나치게 비열했던 태도를 격렬하게 후회하고, 그것을 문제의 상대에게 터트리며 상대를 깎아내렸다. 그야말로 전형적인 약자의 행동 패턴이다.

젊은 시절에는 친구에 대해서도 마찬가지였다.

나는 그대들에게 친구와 친구의 넘치는 마음을 가르친다. 그런데 그 넘치는 마음에게 사랑받기 위해서는 하나의 스펀지가 되

---

* 프랑스의 비평가 · 철학자 · 문학사가.

는 기술을 습득해야 한다.

『차라투스트라는 이렇게 말했다』 제1부, 「이웃 사랑에 대하여」

니체는 로데의 재능이 자기보다 아래라고 여겼지만 바그너는 자기보다 훨씬 높은 곳에 우뚝 솟은 봉우리로 보았다. 이 경우 니체는 자신을 상대에게 완전히 내주며, 그야말로 스펀지가 되어 비열할 정도로 상대(의 재능)를 흡수하는 데 열중했다.

그리고 충분히 흡수한 뒤에는(몇 번이나 예를 들어 송구스럽지만) 마치 2채널 이용자처럼 갑자기 180도로 돌변하여 "속았다!"라고 외치면서 상대를 매도했다.

그 외에 친구라고 할 수는 없지만 루터나 쇼펜하우어 등 한 차례 심취했던 사람을 나중에 필사적으로 깎아내리는 경우도 드물지 않았다. 거기에는 일시적이긴 해도 상대에게 지나치게 몰두했던 자신에 대한 분노도 있었을 것이다. 그 부분을 불투명하게 남겨둔 채 상대를 치켜세운 만큼 끌어내리니, 이 모두가 니체라는 독방에서 벌어지는 원맨쇼나 다름없었다.

『선악의 저편』 제4장 곳곳에 아로새겨진 문구도 우월한 사람에게 고개를 숙이는 자신에 대한 분노로 해석하는 편이 가장 이해하기 쉽다. 두 군데 정도 예를 들겠다.

사람은 상대를 경시하면서 미워하는 경우는 없다. 상대가 자기와 동등하거나 자기보다 더 뛰어나다고 인정했을 때 비로소 미워한다.

니체가 자기와 동등하거나 자기보다 더 뛰어나다고 인정한 상대란 바그너다. 니체는 처음에는 바그너를 숭배했다가 나중에는 진심으로 미워했다. 바그너의 속물근성은 혐오스러웠지만, 니체는 바그너를 자기보다 더 뛰어나다고 인정할 수밖에 없었기 때문이다.

우월한 사람이 나를 허물없이 대하는 것은 부아가 치미는 일이다. 그에 맞추어 행동하는 것은 용서되지 않기 때문이다.

젊은 니체는 우월한 바그너에게 예기치 못하게 허물없는 대접을 받았다. 그는 뛸 듯 기쁜 마음으로 그것을 받아들였다. 그러나 바그너에게 똑같이 허물없이 대하려 해도 잘 되지 않아서 뻣뻣하게 굳어 있을 수밖에 없었다. 그리고 그런 자신에게 부아가 치밀었다. 이런 역학 관계를 명석한 의식의 빛 아래에서 비추어보지 않은 채, 쇼펜하우어나 바그너에게 욕을 퍼붓는 니체는 미숙하고 나약하며 어리석다.

요아힘 퀼러는 자기 책에서 다음과 같은 사실을 적었다.

바그너 가*는 그 당시 이미 니체에게 별명을 지어주었다. (중략) 그 자리에 없었던 친구 니체는 그 이후 '대학생 안젤무스*'라고 불리는 처지가 되었다. 이 이름에는 니체를 비웃음의 재료로 삼는 불명예스러운 의미가 숨겨져 있었다. 모든 모서리, 모든 가장자리에 부딪혀버리는 서툰 사람, 짜증나게 하는 사람이라는 뜻이다.

이 사실에 앞서 살펴보았듯, 니체가 바그너에게도 코지마에게도 수음 상습자라는 의심을 받았다는 점을 겹쳐보면, 그가 바그너 가에서 구체적으로 어떤 취급을 받았는지가 눈앞에 떠오른다.

대등한 인간관계를 맺지 못하는 남자

이리하여 최종적으로 바그너도 단념한 니체는 자신을 이

---
*E.T.A 호프만의 소설 『황금 항아리』의 주인공 이름.

해해줄 사람이 아무도 없는 절대적인 고독 상태에 빠진다. 이는 혹시 자신이 태양처럼 너무 높은 곳에 있기 때문 아닐까?

오, 베푸는 모든 자의 더할 나위 없는 불행이여! 오, 비추는 모든 자의 과묵함이여!

『차라투스트라는 이렇게 말했다』 제2부, 「밤의 노래」

그러나 니체는 차라투스트라가 아니다. 그의 고독은 인격 장애 때문이었다. 그는 자기보다 약한 사람과도 강한 사람과도 잘 지내지 못했으며, 자기와 대등한 자는 쳐다보지도 않았다. 그는 필연적으로 고독할 수밖에 없었다. 야스퍼스는 니체의 친구 관계를 의사의 입장에서 냉정하게 관찰했다.

니체는 매우 친절하고 남에게 협조적이며, 남을 잘 도와주려 하고 궁극적으로 남에게 아주 도움이 되었다. 그러나 그는 자신과 타인을 언제나 그저 자신의 재산을 담는 그릇으로서만 사랑하는 것 같다. 그에게는 한 인간을 향한 진실한 헌신이 결여되어 있다. 그는 사랑을 동경하지만 사랑의 실현 조건인 영혼 그 자체를 쏟아 붓는 근원적인 노력은 하지 않는다.

카를 야스퍼스, 『니체』

니체는 다행히도 젊은 시절 그의 마음에 드는 친구를 몇 명이나 두었지만 상대는 니체의 이상이라는 베일에 싸여 있었다. 니체는 상대 자체를 바라보지 않았다. 언제나 니체가 상대에게 이끌렸고, 언제나 니체가 상대에게 실망했다.

그는 항상 이상과 현실 사이의 괴리에 괴로워했다. 언제나 니체의 원맨쇼였으니 상대는 당황할 수밖에 없었다. 그는 자신의 시점으로밖에 세계를 보지 못하는 남자였다.

루 살로메의 경우에도 상대의 기분을 전혀 생각하지 않고 청혼했다. 그는 인간 일반을 그렇게나 자세히 관찰했음에도 불구하고, 눈앞의 사람이 지금 무엇을 생각하고 무엇을 느끼며 무엇을 하고 싶어 하는지 몰랐다. 상대의 시점으로 사물을 보는 능력이 절망적으로 없는 남자였다.

그러나 니체의 외골수 같은 성격은 주위 사람들에게 어떤 감동을 안겨줬던 모양이다. 모두 그런 니체를 염려하고 돌보며 심지어 동정하기까지 했다.

더 날카롭게 말하자면, 눈앞의 타인에게는 둔감하지만 타인이 자신을 어떻게 보는지에 대해서는 몹시 민감했던 니체는 자신을 향한 주위 사람들의 동정을 온몸으로 느끼고 그 오만함, 잔혹함, 둔감함에 질렸기 때문에 그 정도로 동정을 혐오하게 되었을지도 모른다.

니체는 친구가 결혼하면 그다음부터는 그와 원만하게 교제하지 못했다. 이것이 그의 인간관계를 상징적으로 나타낸다. 결혼하는 순간 절교 상태가 되는 것이다. 니체는 상대를 독점하려는 욕망이 강한 남자여서 상대를 제3자(그의 아내)와 공유하지 못하는 것이다.

이상의 문맥으로 3장에서도 등장한 다음 문장을 살펴보면, 여자란 임신을 목적으로, 즉 섹스를 매개로 니체에게서 친구를 빼앗는 적대자라는 피해자 의식도 느껴진다.

여자의 모든 것이 수수께끼이며, 그 모든 것에는 하나의 해결책이 있다. 그것은 바로 임신이다. 남자는 여자에게 수단이다. 그 목적은 언제나 아이다.

『차라투스트라는 이렇게 말했다』 제1부, 「늙은 여자와 젊은 여자에 대하여」

그의 여성 혐오에는 두 가지 이유가 있다. 하나는 자신이 여자로부터 사랑받지 않았다는 점. 다른 하나는 여자가 자신의 친구들을 빼앗아갔다는 점이다.

악의의 희생자

흥미롭게도 니체는(그의 자의식 속에서) 그렇게나 타인에게 차례차례 상처를 받았음에도 상대에게 직접 화를 내는 경우는 없었다. 그들 또한 그들의 몸속에 똬리를 튼 악의의 희생자이기 때문이다.

그대들, 내 희망을 노래한 새들이여! 그렇다. 그대들 가장 사랑하는 자들이여, 악의는 언제나 그대들(청춘의 아름다운 추억)을 노리고 화살을 쏘았다. 나의 심장에 쏘아 맞히기 위해! 그리고 악의는 적중했다!
(중략) 그대들(악의)은 어떤 살인자보다 더 나쁜 짓을 내게 했다. 그대들은 내게서 돌이킬 수 없는 것을 빼앗아갔다. 이렇게 나는 그대들에게 말한다. 나의 적들이여!

『차라투스트라는 이렇게 말했다』 제2부, 「무덤의 노래」

일찍이 그가 신처럼 찬양했던 바그너가 천박한 어릿광대로 변한 것도 악의 탓이다.

그리하여 지금 그는 소름 끼치는 음침한 노래를 한 곡 부르기 시작했다. 아, 그는 내 귀에 흡사 음침한 뿔피리 소리처럼 단조로운 울림을 내뿜었다!
살인적인 가수여, 악의의 도구여, 더없이 무지한 자여!

『차라투스트라는 이렇게 말했다』 제2부, 「무덤의 노래」

이 탄식은 애처롭게 들린다. 니체는 친구와 사랑하는 여자가 모조리 자기를 떠나간 이유를 악의 탓으로 돌리며, 그 악의를 진심으로 미워함으로써 상대에 대한 미움을 억누르려 하기 때문이다. 그리고 그는 비틀거리는 발걸음으로 어떻게든 살아가려 한다. 이 얼마나 다정하고 심약한가!

나는 훌륭하다

니체가 만년(이라 해도 40대지만)에 쓴 편지에는 '자신이 얼마나 훌륭한지'에 대한 확인이 질리지도 않고 집요하게 반복된다. 내게는 이런 태도 역시 이해가 안 될 정도로 순진하게 느껴진다. 진정한 착한 사람이라는 생각이 드는 것이다.

게오르그 브라네스Georg Morris Cohen Brandes 박사가 코펜하겐에서 거둔 빛나는 성공은 아마 말씀드렸지요. 저에 대한 상당히 오랜 기간 동안의 연속 강의에 삼백 명이 넘는 청강생이 몰렸는데 박수갈채 속에서 끝났습니다. 브라네스 박사가 제 이름이 이제 코펜하겐의 모든 지식층 사이에 퍼져서 스칸디나비아 전역에 알려졌다는 편지를 주었습니다. 제 책에 대한 영어 에세이 한 권이 뉴욕에서 나올 것으로 예상됩니다.

카를 푹스Carl Fuchs에게, 1888년 7월 29일

최근 받은 출판사의 보고를 통해 바그너를 반박하는 내 저작(『바그너의 경우』) (중략)이 당연히 센세이션을 불러일으키리라는 사실을 알게 되었어. 서적업계 신문의 임시 보고긴 하지만 초판 천 부는 금방 다 나갈 정도로 주문이 들어오고 있어.

파울 도이센Paul Deussen에게, 1888년 9월 14일

이 무렵 니체의 책은 고작 수십 부, 많아도 백 부가 팔렸을 뿐이니 초판 천 부가 팔릴 거라는 예상에 기뻐하는 마음도 이해는 된다. 하지만 같은 책에 관한 다음 편지는 어떠한가? 솔직히 이런 노골적인 자화자찬은 이제 좀 질린다.

이보다 급진적인 것은 생각할 수 없을 정도의 미학상의 선전포

고인 이 책은 커다란 충격을 줄 것입니다. 출판사의 보고에 따르면 이 문제에 대해, 그리고 이 의미로 나온 출간 직전의 내 책의 첫 광고로 수많은 주문이 쇄도하고 있으며, 그 결과 초판은 전부 팔릴 것으로 예상된다 합니다.

말비다 폰 마이젠부크Malwida von Meysenbug에게, 1888년 10월 4일

그리고 이로부터 한 달 뒤의 편지에서는 자기 책의 출판에 관한 기이할 정도의 자신감을 어렵지 않게 느낄 수 있다.

나는 인간이라기보다 다이너마이트다. '안티크리스트'라는 표제를 붙인 나의 '모든 가치의 가치 전환'이 완성되었어. 앞으로 이 년 동안 이 책을 칠 개 국어로 번역하기 위해 전진해야 해. 어느 나라 말이든 초판은 대략 백만 부야.

파울 도이센Paul Deussen에게, 1888년 11월 26일

니체는 같은 내용의 편지를 여러 사람에게 보냈고, 실제로 스트린드베리와 텐에게(이 책뿐만이 아니지만) 자기 책의 번역을 의뢰했다.(둘 다 거절했다.) 이런 언동에서 드러난 니체는 그를 억눌렀던 무거운 돌이 모조리 제거되어 문자 그대로 다이너마이트가 작렬하는 느낌이다. 더 이상 제정신이 아닌 것 같다.

그중에서도 특히 어머니에게 보낸 편지에서는 부모의 기대에 부응하려는 아들이 비명을 지르고 있다. 기본적으로는 앞서 등장한 메타 폰 잘리스에게 보낸 편지와 같은 내용인데, 여기에서는 자신의 위대함을 알리는 어조가 더욱 강해졌다.

결국 어머니의 늙은 아들은 이제 고명이 자자한 한 마리의 짐승이 되었습니다. 그것도 단지 독일에서뿐만이 아니랍니다. (중략) 그 외에도 여기저기서 저는 유명한 짐승이 되었습니다. 저를 숭배하는 이들은 모두 선택된 사람들입니다. 지위가 높고 세력이 있는 그들은 상트페테르부르크, 파리, 스톡홀름, 빈, 뉴욕에 있답니다. 이런 일류 인물들이 자기들의 충성심을 어떻게 제게 표현하는지 어머니께 알려드리고 싶군요. (중략) 숭배자들 중에는 진짜 천재도 있습니다. 수많은 명예와 경외가 따르는 이름은 오늘날 제 이름밖에 없습니다. 어머니, 이것은 마술이에요.

어머니에게, 1888년 12월 21일

이 모두가 거짓말일 리는 없다. 그를 칭찬하는 편지나 강연은 실제로 있었으니까. 그러나 어머니를 기쁘게 하려는 "나는 유명하다!"라는 외침은 혐오감을 넘어서 슬픔마저 불러일으킨다. 아들을 잘 알고 있었던 어머니는 결코 이 편지를 액면 그대로 받아들이지 않았을 것이다.

아름다움은 소수의 것

니체는 1889년 1월 3일 토리노 길거리에서 완전히 미쳐버렸다. 발광 직전, 그는 몇몇에게 기이한 편지를 부쳤다. 앞의 부르크하르트에게 보낸 편지와 마찬가지로 같은 무렵 코지마에게 잇따라 편지를 보냈는데, 다음 내용은 우스우면서도 슬픔을 불러일으킨다.

아리아드네여, 나는 그대를 사랑한다.

코지마에게, 1889년 1월 초

곧바로(1889년 1월 9일) 오버베크는 미친 니체를 부축하여 고향인 나움부르크Naumburg로 향했다. 제정신을 잃은 어머니의 늙은 아들은 어머니의 품으로 돌아왔다. 그리고 그로부터 8년 뒤(1897년)에 그녀는(아마도) 어린아이가 된 아들을 온몸으로 사랑하며 죽었다. 그리고 니체는 더 오래 살다가 딱 19세기의 마지막 해(1900년 8월 25일)에 죽었다.

니체, 그는 내게 어떤 의미로든 위대한 철학자가 아니다. 그러나 그는 보통 사람과는 확연히 다른 힘을 가졌던 남자다. 온화하고 행실이 바르며 겁 많고 약하고 선량하고 비열하며 순진한 자기 자신과는 완전히 정반대의 존재를 필사적으로 추구했던 남자, 그 결과 긴장을 견디지 못해 실이 끊어지듯 정신이 붕괴된 남자다. 에른스트 베르트람 Ernst Bertram이 말했듯 니체의 내면에 뒤러 Albrecht Durer*가 그린 전사가 있었다고 하면 바로 이런 의미일 것이다.

그의 생애는 어떤 종류의 사람들을 깊이 감동시킨다. 살아갈 용기를 준다. 그것은 그가 자신과 정반대의 존재를 그렇게까지 진지하게 추구하며 살아갔으며, 그 어려움에 온몸으로 맞섰기 때문이다.

한순간이라도 그 착각을, 엇나간 예상을, 자기기만을 눈치채면 안 된다. 그러면 자신이 붕괴되어 살아갈 수 없으니까. 이것이 비참해도 그렇게밖에 살아갈 수 없는 남자의 유일한 선택지라면, 이 역시 성실한 태도일 것이다.

그는 선택된 소수자이고 싶었다. 그러나 그렇지 않다는

---

* 독일 미술의 아버지로 추앙받는 화가.

사실은 본인이 가장 잘 알고 있었다.

> 가장 높은 계급은(나는 그들을 극소수의 사람들이라 부르는데) 고귀한 자로서 극소수의 사람들에게만 허용된 특권마저 가지고 있다. 그 특권에는 행복과 아름다움, 선의를 지상에 실현하는 일도 포함되어 있다. 가장 정신적인 인간에게만 아름다움과 아름다운 것들이 허락된다. 그들에게만 선의는 약함이 아니다. 아름다움은 소수의 것이다.
>
> 『안티크리스트』

에필로그

니체의 극악무도함에 비하면
히틀러는 잔챙이다

    니체에 대해서는 상당히 많은 연구서와 해설서, 입문서가 나와 있어 새삼스럽게 내가 쓸 이유가 없다고 생각했다. 그러나 요 몇 년 사이에 『차라투스트라는 이렇게 말했다』를 중심으로 니체를 다시 읽어보니 기존의 (특히 일본에서 출간된) 니체 관련 책이 성에 차지 않았다.

    최근의 베스트셀러인 시라토리 하루히코白取春彦가 편역한 『니체의 말』이 대표적이다. 이 책에서는 히틀러와 니체를 도마 위에 올려놓고 '니체와 히틀러는 완전히 다르다', '니체는 위대한 철학자지만 히틀러는 극악무도한 사람이다'라고 자기 멋대로 구분하는데, 읽으면서 나는 커다란 위화감을 느낄 수밖에 없었다.

그런데 이는 상식이 되어가고 있는 모양이다. 니체를 위험한 철학자·사상가라 하면서 사도 바울, 소크라테스, 플라톤, 칸트 등을 사기꾼 취급하는 것은 그럭저럭 용서할 수 있다. 하지만 니체가 선량한 약자인 가축 무리들을 철저하게 경멸하고, 여자는 남자를 속여 섹스하기 위해서만 살아간다고 떠벌이며, 인권, 평등, 정의, 공정함, 민주주의 등 현대사회의 공리를 쓰러트리려 한다는 점은 필사적으로 잊어버리려 하는 것 같다.

오해가 없도록 급히 덧붙이자면, 나는 니체가 이렇게 나쁜 놈이라는 점을 간과하지 말라고 말하려는 게 아니라, 히틀러가 극악무도하다면 니체는 그 몇백 배나 더 극악무도하다고 말하고 싶은 것이다. 단지 히틀러는 잔챙이였기 때문에 니체 사상의 극히 일부를 실천할 수 있었을 뿐이다.

그러므로 진짜 니체에 대해 있는 그대로 말하면 NHK 강좌는 눈 깜짝할 사이에 맹공격에 휩싸이고 모든 출판사에는 출판 금지 요청 전화가 쉴 새 없이 걸려올 것이 틀림없다.

현대 일본을 뒤덮고 있는 이런 기만적 상황을 본격적으로 철저하게 고발하고 싶지만, 이 책에서는 그 요점으로서 니체는 관념뿐인 위험한 철학자가 아니라 그의 사상 앞에서는 거의 모든 인간은 살 가치가 없어진다는 점, 그러나 니체라는 남자는 참으로 약하고 비열해서 자신의 사상을 실천하려는 용기가 없었다는 점을 지적하며 마무리하고자 한다.

니체 인용은 기본적으로 지쿠마학예문고ちくま学芸文庫의 번역을 따랐다. 그러나 표기와 표현을 약간 고친 부분도 있다.

이 책에서 인용한 니체 책의 번역자는 다음과 같다.

『차라투스트라는 이렇게 말했다』 (요시자와 덴자부로 옮김)

『선악의 저편』 (시다 쇼조 옮김)

『도덕의 계보』 (시다 쇼조 옮김)

『권력에의 의지』 (하라 다스쿠 옮김)

『아침놀』 (가야노 요시오 옮김)

『안티크리스트』 (하라 다스쿠 옮김)

『우상의 황혼』 (하라 다스쿠 옮김)

『니체 대 바그너』 (하라 다스쿠 옮김)

『인간적인 너무나 인간적인』 (이케오 겐이치 옮김)

『니체 서간집』 (쓰가고시 사토시, 나카지마 요시오 옮김)

'가축의 무리도 초인도 되고 싶지 않다고 생각하며'

나카지마 요시미치

옮긴이의 말

내 안의 착한 사람
조각 발견하기

나카지마 요시미치. 그는 일본에서 '싸우는 철학자'로 통한다. 그의 주장이 사람들에게 영 괴팍하고 급진적으로 들리는 모양이다. 확실히 그는 얼굴을 마주 보며 느긋하게 담소를 나누기에는 부적절한 사람일지도 모른다. 하지만 이 괴짜의 철학을 문장으로 만나는 것은 독자로서 매우 즐거운 일이다.

나는 본격적으로 번역을 시작하기 전 출판사에서 일했는데, 퇴사를 앞두고 마지막으로 만든 책이 나카지마의 『철학의 교과서』였다. 삶의 수수께끼와 죽음의 문제에 천착한 이 책은 오랫동안 나를 매료시켰고, 때문에 이 책의 번역 의뢰도 그와의 인연을 느끼며 기쁜 마음으로 수락했다. 원서를 읽어보니 과연 그의 독특한 체취가 풀풀 느껴져 슬며시 웃음이 났다.

나카지마 요시미치는 젊은 시절부터 니체가 탐탁지 않았다고 한다. 니체의 자기과시적 면모와 자기비판의 결여가 시쳇말로 중2병스럽게 느껴졌기 때문이다. 그럼에도 그는 사십 년 이상 니체를 읽고 연구해왔다. 그 결과, 그의 니체를 이해하려는 시도가 이렇게 한 권의 책이 되어 세상에 나왔다.

'착한 사람'을 통렬히 비판하는 이 책을 읽다 보면 초반에는 적잖은 충격과 혼란을 느낄 것이다. 아마 착한 사람이라는 용어가 혼선을 빚어서일 텐데, 여기서 비판하는 착한 사람은 우리가 일반적으로 생각하는 것과 다소 다르다. 저자와 니체가 혐오하는 착한 사람은 시스템에 편승하려는 사람, 강자에게 넙죽 엎드리는 사람, 자신의 안위에 도움이 되지 않는 일에 손가락 하나 까딱하지 않는 사람, 자신의 신체 보전을 가장 큰 가치로 삼는 사람이다. 이 점을 염두에 두고 책을 읽어나가면 저자의 거친 말 속에 숨겨진 참뜻에 다가갈 수 있을 것이다.

사실 이 책을 번역하며 여러 차례 가슴이 뜨끔했다. 한 문장 한 문장 옮길 때마다 내 안에서 착한 사람의 조각이 수시로 발견되었고, 그 조각들은 나의 양심을 아프게 찔렀다. 그러나 우리가 사는 이 사회는 얼마나 착한 사람이 양산되기 쉬운 곳인가? 우리는 자신의 머리로 생각하기 어려운 사회, 모두가 미워하는 대상을 향해 아무런 의구심 없이 태연하게 손가락질해도 좋은 사회, 부조리에 항거하기보다 다수의 뒤에 숨는 편이 이득인 사회에서 살아가고 있다. 각종 매체에서 흘러나오는 다수파의 의견에 몸을 맡기면 당분간의 안전이 보장되기 때문이다. 신문사와 방송사는 연일 우리가 누구를 증오해야 할지 알려준다. 저자가 서술한 대로 미디어는 구독률과 시청률을 높이기 위해 "선량하다는 점 말고는 아무 짝에도 쓸모없는 약자만이 옳다"라는 거짓말 게임을 계속 진행한다.

하지만 저자는 말한다. "만약 조금이라도 품위를 가지고 살고 싶다면 약한 것을 결코 삶의 이유로 삼아서는 안 된다." 약자라는 사실이 아무리 부조리하다 해도 자신의 약함에 느긋하게 몸을 내맡기는 착한 사람이 되어서는 안 된다는 것이다.

책을 읽다 보면 저자의 과격한 주장에 선뜻 동의하기 어려운 부분도 있을 것이고, 불쾌하게 느껴지는 대목도 있을 것이다. 나 역시 그랬으니까. 하지만 그런 이유로 섣불리 책장을 덮어버리기 전에, 이 책을 통해 자기 안에 착한 사람의 조각이 있는지 한번 살펴보면 어떨까. 그것만으로도 이 책의 가치는 충분하리라 믿는다.

이지수

옮긴이 이지수

고려대학교와 사이타마대학교에서 일본어와 일본문학을 공부했다. 일본어 교재를 만드는 편집자로 일하다가 번역가로 전업했다. 텍스트를 성실하고 정확하게 옮기는 번역가가 되기를 꿈꾼다. 옮긴 책으로 사노 요코의 『사는 게 뭐라고』, 『죽는 게 뭐라고』, 『자식이 뭐라고』와 나카노 교코의 『내 생애 마지막 그림』 등이 있다.

약함, 비열함, 선량함과 싸우는 까칠한 철학자

니체의 인간학

초판 1쇄 발행 2016년 9월 7일
초판 7쇄 발행 2021년 8월 12일

지은이 나카지마 요시미치
옮긴이 이지수
감수자 이진우
펴낸이 김선식

경영총괄 김은영
기획편집 윤성훈 **디자인** 황정민 **책임마케터** 최혜령
콘텐츠개발4팀장 김대한 **콘텐츠개발4팀** 황정민, 임소연, 박혜원, 옥다애
마케팅본부장 이주화 **마케팅1팀** 최혜령, 박지수, 오서영
미디어홍보본부장 정명찬 **홍보팀** 안지혜, 김재선, 이소영, 김은지, 박재연, 오수미, 이예주
뉴미디어팀 김선욱, 허지호, 염아라, 김혜원, 이수인, 임유나, 배한진, 석찬미
저작권팀 한승빈, 김재원
경영관리본부 허대우, 하미선, 박상민, 권송이, 김민아, 윤이경, 이소희, 이우철, 김혜진, 김재경, 최완규, 이지우
외부 스태프 일러스트 최광렬

펴낸곳 다산북스 **출판등록** 2005년 12월 23일 제313-2005-00277호
주소 경기도 파주시 회동길 490 다산북스 파주사옥
전화 02-702-172 **팩스** 02-703-2219 **이메일** dasanbooks@dasanbooks.com
홈페이지 www.dasanbooks.com **블로그** blog.naver.com/dasan_books
종이 한솔피엔에스 **출력·제본** 민언프린텍

ISBN 979-11-306-0950-8 (03190)

· 책값은 뒤표지에 있습니다.
· 파본은 구입하신 서점에서 교환해드립니다.
· 이 책은 저작권법에 의하여 보호를 받는 저작물이므로 무단 전재와 복제를 금합니다.

다산북스(DASANBOOKS)는 독자 여러분의 책에 관한 아이디어와 원고 투고를 기쁜 마음으로 기다리고 있습니다. 책 출간을 원하는 아이디어가 있으신 분은 다산북스 홈페이지 '원고투고'란으로 간단한 개요와 취지, 연락처 등을 보내주세요. 머뭇거리지 말고 문을 두드리세요.